枫桥经验

之人民调解案例故事

蔡 娟 主编

浙江工商大学出版社
ZHEJIANG GONGSHANG UNIVERSITY PRESS

图书在版编目(CIP)数据

枫桥经验之人民调解案例故事 / 蔡娟主编. —杭州：
浙江工商大学出版社，2018.4(2023.3重印)

ISBN 978-7-5178-2647-7 3

Ⅰ. ①枫… Ⅱ. ①蔡… Ⅲ. ①调解(诉讼法)－案例－
中国 Ⅳ. ①D925.114.5

中国版本图书馆 CIP 数据核字(2018)第 056608 号

枫桥经验之人民调解案例故事
蔡　娟主编

责任编辑	张　玲　刘　韵
封面设计	王妤驰
责任印制	包建辉
出版发行	浙江工商大学出版社
	(杭州市教工路 198 号　邮政编码 310012)
	(E-mail:zjgsupress@163.com)
	(网址:http://www.zjgsupress.com)
	电话:0571-88904980,88831806(传真)
排　　版	杭州朝曦图文设计有限公司
印　　刷	浙江全能工艺美术印刷有限公司
开　　本	880mm×1230mm　1/32
印　　张	5.875
字　　数	156 千
版 印 次	2018 年 4 月第 1 版　2023 年 3 月第 11 次印刷
书　　号	ISBN 978-7-5178-2647-7
定　　价	28.00 元

毛泽东对"枫桥经验"的批示

此件看过，很好。讲过后，请你们考虑，是否可以发到县一级党委及县公安局，中央在文件前面写几句介绍的话，作为教育干部的材料。其中应提到诸暨的好例子，要各地仿效，经过试点，推广去做。

毛泽东

（一九六三年）十一月二十日

习近平就坚持和发展"枫桥经验"作出重要指示

各级党委和政府要充分认识"枫桥经验"的重大意义，发扬优良作风，适应时代要求，创新群众工作方法，善于运用法治思维和法治方式解决涉及群众切身利益的矛盾和问题，把"枫桥经验"坚持好、发展好，把党的群众路线坚持好、贯彻好。

习近平

二〇一三年十月九日

郭声琨：以习近平新时代中国特色社会主义思想为指导 坚持和发展"枫桥经验" 开创政法综治工作新局面

新华社杭州（2017 年）12 月 12 日电　中共中央政治局委员、中央政法委书记郭声琨 9 日至 11 日在浙江调研时强调，要把学习宣传贯彻党的十九大精神作为首要政治任务，以习近平新时代中国特色社会主义思想为指导，强化政治自觉，担起政治责任，确保十九大精神在政法综治工作中落到实处，努力在新时代展现新形象、新作为。

郭声琨来到杭州互联网法院、诸暨市公共服务中心、社会组织服务中心和枫桥镇、赵家镇东溪村，与干部群众交流，了解学习宣传贯彻党的十九大精神、加强政法综治工作情况。得知网格员依托综治、市场监管、综合执法、便民服务"四个平台"服务群众，平安志愿者参与治安巡逻、矛盾化解，社会组织建立党组织，积极承接社区矫正、纠纷调解等社会治理工作，郭声琨给予充分肯定。他指出，为了群众、依靠群众，是"枫桥经验"的核心要义，也是"枫桥经验"50 多年来历久弥新的关键所在。新时代，要把握好"枫桥经验"的精髓，传承好"枫桥经验"，同时，适应社会主要矛盾变化，顺应人民日益增长的美好生活需要，推动"枫桥经验"与时俱进，不断焕发新的生机活力。

郭声琨强调，要认真学习贯彻党的十九大精神，准确把握我国社会主要矛盾发生历史性变化提出的新任务、新要求，积极推动政法综治工作理念、机制、方法创新，努力建设更高水平的平安中国、法治中国，不断增强人民群众的获得感、幸福感、安全感。坚持党对政法综治工作的绝对领导，按照党建引领的要求，抓党建、带队建、促业务，为政法综治事业发展进步提供根本保证。牢记人民是最好的老师、群众是最大的力量源泉，尊重人民主体地位，创新群众工作方法，脚板＋鼠标、面对面＋键对键，把社会治理深深扎根于人民群众中，形成共建共治共享的社会治理格局。坚持自治、法治、德治相结合，发挥好城乡社区群众自治组织的基础性作用，引导社会成员在法治轨道上主张权利、解决纷争，用公序良俗的力量规范社会行为，促进善治。注重关口前移、重心下移，加快构建多元化纠纷解决体系，努力做到小事不出村、大事不出镇、矛盾不上交。

（摘自新华网）

注：在诸暨市社会组织服务中心，郭声琨还与枫桥镇娟子工作室负责人娟子亲切握手，询问诸暨市妇联七彩玫瑰志愿的详细情况。娟子，作为诸暨市妇联七彩玫瑰志愿队之一的黄玫瑰队队长，向郭声琨详细汇报了黄玫瑰代表平安，主要志愿内容是调处邻里纠纷，参加督导平安家庭建设，帮困助贫，为妇女儿童维权服务。娟子的汇报得到了郭声琨和随行各级领导的认可。

编 委 会

前言

　　人民调解是一项具有中国特色的社会主义法律制度和基层社会管理制度。它通过说服、教育、协商的方式，使矛盾冲突的双方在公正平等的前提下互谅互让达成共识，形成具有法律约束力的协议，从而避免矛盾的激化和事态扩大，在国际上享有"东方之花""东方经验"的美誉。

　　诸暨市枫桥镇是中国"枫桥经验"的发源地，2018年是毛泽东批示"枫桥经验"55周年，习近平总书记也曾批示要把"枫桥经验"坚持好、发展好。近年来，浙江省诸暨市枫桥镇人民政府不断深化"枫桥经验"，努力拓展工作领域，深入探索人民调解工作新方法，相继成立了枫桥老杨调解中心和枫桥镇调解志愿者联合会及枫桥镇娟子工作室。在开展人民调解、妇女维权工作的实践中，成功调解了很多民间矛盾纠纷案子。蔡娟参与了很多成功调解的案件，在此基础上，执笔编写了《枫桥经验之人民调解案例故事》。

　　长期以来，各级党委、政府十分重视这一经验的传承、推广、创新和发展，把应用"枫桥经验"作为治市安民的重要法宝。枫桥镇党委、政府时刻不忘"枫桥经验"诞生地，积极主动率先垂范，在原先闻名全国的老杨调解中心的基础上，2015年创设了枫桥镇调解志愿者联合会，2017年又新设娟子工作室，创新调解工作方法，赢得了群众的赞誉。我们深知，人民调解、妇女维权工作任重而道远。

中共诸暨市委党校以研究创新发展"枫桥经验"及对受训学员进行"枫桥经验"理论培训为己任，并根据市委要求，积极联系枫桥镇。如今两家联合编写运用"枫桥经验"进行人民调解的案例，使那些散佚存放的案例如珍珠一样成为一串闪光的项链，让全市人民调解员和广大干部接受一次"枫桥经验"的再学习、再教育，让全市人民受到一次生动、具体的法制教育。

作为本书主编的蔡娟同志既当战斗员又当书记员，真实地记录了老杨调解中心、枫桥镇调解志愿者联合会及娟子工作室的工作历程，同时也适当充实了一些本市其他乡镇的人民调解案例，共同印证"枫桥经验"已在诸暨市生根开花的光辉历程。

新时期，面对利益冲突多元化、复杂化趋势和社会管理方面诸多挑战，进一步巩固和提升人民调解制度，充分发挥非诉解决纠纷机制的先导性、基础性作用，对妥善处理人民内部矛盾，最大限度消除不安定因素具有十分重要的作用。

　　2018 年是毛泽东批示"枫桥经验"55 周年，"枫桥经验"这面鲜艳的红旗将在历史文化名镇枫桥这块沃土上以新的姿态高高飘扬。希望全市人民调解员和有关政法干部认真学习老杨、蔡娟等调解人员兢兢业业、忠于职守、任劳任怨、无私奉献的敬业精神，切实做好自己的工作，更好地推动我市社会经济、文化各方面的发展，开启诸暨繁荣新征程，续写诸暨辉煌新篇章。

枫桥经验

之人民调解案例故事

目 录

枫桥

经验

之人民调解案例故事

①

邻居养鸭起纠纷　三次调解促和谐

案例介绍：2016 年 1 月的一天，枫桥镇某村村民钱某怒气冲冲地来到枫桥镇人民调解委员会（以下简称镇调委会）反映，说邻居许某在她家墙角下搭棚养鸭，鸭棚散发出的恶臭呛人，严重影响了她家的生活质量。她几次跟许某交涉，但是许某都置之不理，希望镇调委会介入，予以帮助解决。

调处过程及结果：镇调委会接到钱某调解请求后，就到钱某和许某家实地察看。调解员了解到的情况确实如钱某反映的那样。许某把自家的鸭棚搭在了钱某家墙角，鸭棚里养了十只鸭子，里面脏得一塌糊涂，散发出一股难闻的臭味。鸭棚上方正对着钱某家窗户。钱某反映，随着天气逐渐转热，这鸭棚散发的臭气会更加浓烈，强烈要求许某拆除。

《中华人民共和国物权法》第八十四条规定："不动产的相邻权利人应当按照有利生产、方便生活、团结互助、公平合理的原则，正确处理相邻关系。"《中华人民共和国民法通则》第八十三条规定："不动产的相邻各方，应当按照有利生产、方便生活、团结互助、公平合理的精神，正确处理截水、排水、通行、通风、采光等方面的相邻关系。给相邻方造成妨碍或者损失的，应当停止侵害，排除妨碍，赔偿损失。"以上法律法规，指明了处理相邻权利冲突应当遵循的基本原则，即有利生产、方便生活、团结互助、公平合理。

调解员根据处理相邻权利冲突的基本原则，首先做许某的思想工作，劝许某换个地方养鸭。许某振振有词地说："农村养鸡养鸭天经地义，不养鸡鸭城里（人）哪来鸡鸭吃？养鸭是我的权利，凭什么让我拆鸭棚？我就是不拆！"调解员老杨语重心长地对许某说："老许，我知道你是共产党员，年轻时还当过村干部，道理你是应该懂的。暂且不说你这是不是违章，现在开展'五水共治'，保护环境，人人有责。作为党员你应该支持啊！再说鸭棚搭在别人墙角，气味确实难闻，我们换位思考，将心比心，你说呢？"调解员老毛也耐心地劝许某："俗话说远亲不如近邻，邻里关系需要大家共同来维护。你把鸭棚换个位置，同样是养鸭，省得和钱某家产生更大的矛盾纠纷。"许某听了调解员的劝说，自感理亏，许诺一周内把鸭棚搬到自己院子角落。本想这起邻里纠纷可以到此结束，画上句号。不料过了一周，钱某又来镇调委会投诉，说许某在镇调委会下村调解时答应一周内把鸭棚搬掉，可是一周过去了，仍是老样子，不讲信用，说话不算数，并扬言许某再不搬鸭棚的话，就要把他家的鸭子全都杀光。

看来事情没有得到解决，矛盾还会再次触发。调解员再次下村到许某家做工作。

许某说："最近天气不好，等天气一好，我会尽快把鸭棚搬离。"

鉴于许某已再次承诺搬走鸭棚，调解员劝钱某再宽限几天。岂料过了十几天，钱某再一次来镇调委会反映，天气已逐渐热起来，而许某仍未拆除鸭棚，还辱骂钱某，双方发生过几次矛盾。

当调解员第三次来到许某家，面对调解员，许某自己也甚觉惭愧，歉疚地对调解员说："对不起了，这点事让你们几次跑来，连我儿子都说有失自己家的脸面。请放心，我今天下午就把鸭棚搬离。"

经调解协商，最后双方达成协议：许某限于当日下午搬掉鸭棚，钱某也不再为此事纠缠许某。第二天调解员电话回访，钱某说许某已经把鸭棚处理好，她很满意，并对镇调委会表示感谢。

案例点评：邻里纠纷是民事调解的重头戏。引起邻里纠纷的往往只是一些鸡毛蒜皮、微不足道的小事，但就是这些小事，牵涉邻里之间的切身利益。如果不能及时化解纠纷，轻则伤了邻里和气，结下怨恨；重则矛盾激化，甚至可能酿成严重后果。本案这一相邻权利冲突之所以圆满解决，主要是因为调解员遵循处理相邻权利冲突的基本原则，不厌其烦地做劝说工作，法、理、情三管齐下，最终使双方达成调解协议，把矛盾冲突消灭在萌芽状态。

②

邻里小事起纠纷　调解及时防恶化

案例介绍：枫桥镇某村村民林某装修房屋，装修到一半，发现买来的木头不够用了。第二天，林某上山偷偷砍了隔壁老王家的两棵树，作为装修房屋的材料。第三天，老王发现了这一情况后，就找上林某，斥责林某不经他本人同意擅自砍伐他家的树。双方言辞激烈，互不相让，引发了互殴，导致林某头部受伤。双方当时都报警求助，引起一定的社会骚动。

调处过程及结果：枫桥派出所民警接到报警后迅速处警，让双方当事人在派出所做了笔录。双方当事人在做笔录时都已意识到行为的错误并表示后悔，于是案子被移交到枫桥派出所老杨调解中心进行调处。

本案属于民事纠纷，涉及两部国家法律。《中华人民共和国治安管理处罚法》第四十三条规定："殴打他人的，或者故意伤害他人身体的，处五日以上十日以下拘留，并处二百元以上五百元以下罚款；情节较轻的，处五日以下拘留或者五百元以下罚款。"《中华人民共和国侵权责任法》第六条规定："行为人因过错侵害他人民事权益，应当承担侵权责任。"第十九条规定："侵害他人财产的，财产损失按照损失发生时的市场价格或者其他方式计算。"第二十五条规定："损害发生后，当事人可以协商赔偿费用的支付方式。"老杨调解中心参照以上法律规定对本案进行调解。

老杨调解中心的杨光照同志和杨少剑同志分别和双方当事人谈话，了解事情由来，双方当事人情绪平定后也谈了自己的看法。林某说："我偷砍他家的树是不对，但是老王把我打伤，肯定也不对，需要赔偿我医药费。"老王说："打架的起因是林某砍了我家的树，两棵树钱林某要赔偿给我。"

听取了双方当事人的看法后，调解员老杨采用了背靠背调解的方法，按照"谁损害，谁赔偿"的原则，最后老王赔偿 80％ 的医药费给林某，林某赔偿两棵树钱给老王。双方在调解员的介入下，自愿达成协议，并当场兑现。

案例点评：打架斗殴案例在每年的调解中总会遇到几起，调解员不光是简单地化解矛盾，还要借事普法，进行法治教育，从而确保社会平安。

以眼还眼、以牙还牙是原始社会的权利救济规则，现在已经行不通了。如果造成侵权，只能依法追究当事人的刑事责任或者承担民事责任。刑事责任由公检法等国家公权力机关进行追究，民事责任则由致害人承担，对受害人进行赔偿。

在此，调解员想告诉朋友们：遵纪守法，是每个公民的义务，违法的事不能做。发生矛盾纠纷，应冷静理智，根据法律法规协商解决。解决不了的，可寻求政府有关部门帮助。不要冲动，更不能付诸武力来解决，否则也须承担法律责任。

③

邻里纠纷疑难案　志愿调解促成功

案例介绍：陈家村的老陈和小陈既是邻居又是叔侄关系，两家门前有一块公共区域。老陈家里买了辆轿车，为了出行方便，想把公共区域浇筑成水泥路；可小陈家在公共区域堆着杂物，就是不同意，并且未经商量就在两户人家的公共区域装上了监控摄像头，将摄像头对准老陈家的生活区域。对此，老陈一家意见很大，觉得生活隐私受到侵犯。后来，小陈家因娶儿媳妇办喜事，也想浇筑公共区域了，这时老陈也故意刁难，偏不同意了。纠纷产生后，当事人双方都想通过调解途径解决，于是双方来到了镇调委会。

调处过程及结果：本案涉及两种权利：相邻权和隐私权。相邻权指不动产的所有人或使用人在处理相邻关系时所享有的权利。具体来说，在相互毗邻的不动产的所有人或者使用人之间，任何一方为了合理行使其所有权或使用权，享有要求其他相邻方提供便利或是接受一定限制的权利。相邻权实质上是对所有权的限制和延伸，任何一方都无独占和排他的权利。《中华人民共和国民法通则》第八十三条规定："不动产的相邻各方，应当按照有利生产、方便生活、团结互助、公平合理的精神，正确处理截水、排水、通行、通风、采光等方面的相邻关系。给相邻方造成妨碍或者损失的，应当停止侵害，排除妨碍，赔偿损失。"

隐私权是指自然人享有的私人生活安宁与私人信息秘密依法受到保护，不被他人非法侵扰、知悉、收集、利用和公开的一种权利。权利主体对他人在何种程度上可以介入自己的私生活，对自己是否向他人公开隐私以及公开的人群范围和程度等具有决定权。隐私权是一种基本人格权利。本案中一方安装的监控摄像头对准老陈家的生活区域，就属于侵犯个人隐私权的范畴。侵犯个人隐私权包括的内容很多，如未经公民许可，公开其姓名、肖像、住址、身份证号码和电话号码；非法侵入、搜查他人住宅，或以其他方式破坏他人居住安宁；非法跟踪他人，监视他人住所，安装窃听设备，私拍他人私生活镜头，窥探他人室内情况；调查、刺探他人社会关系并非法公之于众；干扰他人夫妻性生活或对其进行调查、公布；将他人婚外性生活向社会公布；泄露公民的个人材料或公之于众或扩大公开范围；收集公民不愿向社会公开的纯属个人的情况；未经他人许可，私自公开他人的秘密等。

调解员认真听取了两家的陈述，了解矛盾纠纷产生的来龙去脉，并向双方当事人讲述了相关的法律法规。调解员认为，两家是叔侄关系，双方都有浇筑公共区域的想法，于公于私都有益，只要调解得法，两家的矛盾纠纷是不难解决的。经过分析，调解员决定请一位陈姓调解志愿者从中协调。这位调解志愿者是老陈儿媳妇的舅舅，是两户人家都认可的调解员，让他调解有利于化解矛盾。

和谐社会，以和为贵。调解志愿者首先找到老陈的儿媳妇，给她讲冤家宜解不宜结的道理，得饶人处且饶人，退一步海阔天空。之后又让老陈儿媳妇做公公老陈的思想工作，同是一家亲，不要把两家积怨再带给下一代。然后，再做好小陈的工作，讲解个人隐私受法律保护，不得任意侵犯，否则要承担相应法律责任，动员小陈妥善处理。

在老陈儿媳和调解志愿者的共同疏通下，事情有了结果，双方当事人签订了协议：老陈同意小陈浇筑公共用地，费用由小陈家出，道路由两户人家共同使用；小陈要尊重他人隐私，把监控探头移位，监控范围不得对准老陈家的生活区域。

案例点评：本案之所以圆满解决，一是坚持依法调解，充分发挥法律在调解过程中的作用。调解员向当事人双方讲解法律法规，提高双方遵法守法的自觉性，把双方行为规范在法律许可的范围之内。二是动用社会力量，充分运用调解志愿者共同参加调解工作，调解不光依靠法律，还要依靠亲情和人情，这对化解纠纷有事半功倍的效果。正是这样充分依靠群众，走群众路线，使得"大事化小，小事化了"，把矛盾纠纷及时化解在基层。

④

鸡抢狗食起纠纷　及时调解息纷争

案例介绍：2014 年 3 月的一天，枫桥镇某村村民冯某家的鸡因吃了应某家的狗食，被应某家的狗咬伤。冯某回家知道后，就用扫把去打应某家的狗，恰好被应某发现，双方发生争执，继而冲突扭打。在互殴中双方均受伤住院治疗，应某花去医药费 400多元，冯某因本身罹患疾病，受伤较重，住院治伤花去医药费10000 多元。案件发生后，虽然民警和村干部对此事进行了协调，但终因双方当事人各执己见，互不相让，协调无果。于是，当事人来到老杨调解中心请求调解。

调处过程及结果：查明事实真相，分清是非，是民事调解的基础。老杨调解中心首先下村实地调查走访，了解了事情的来龙去脉。

在调查沟通中，冯某情绪激动，愤愤不平，多次扬言要去应某家以死相拼。为了使调解能够心平气和地进行，防止意外事故的发生，调解员及时与该村的村干部、民警联系，一起做冯某的心理疏导工作。调解员劝说冯某不要性急，要冷静理智，相信老杨调解中心能够把纠纷调处好。

同时，为避免矛盾激化，调解员还让应某适当回避，并说明回避不是怕，而是为了更好地解决问题，化解纠纷。

待双方冷静下来之后，调解员把冯某、应某请到老杨调解中心。调解员还请来了应某和冯某共同的亲戚洪某及当事双方所在村的调解主任。

根据《中华人民共和国治安管理处罚法》第九条的规定，对因民间纠纷引起的打架斗殴或者损毁他人财物等违反治安管理行为，情节较轻的，公安机关可予以调解处理。特别是对因家庭、邻里、同事之间纠纷引起的违反治安管理行为，情节较轻，双方当事人愿意和解的，如制造噪声，发送信息，饲养动物干扰他人正常生活，放任动物恐吓他人，侮辱、诽谤、诬告陷害、侵犯隐私，偷开机动车等治安案件，公安机关都可以调解处理。本案属于邻里纠纷引发的情节较轻的治安案件，当事人双方都愿意通过调解途径来解决问题，对于有着丰富经验的调解员来说，通过深入细致的工作，依法成功调处是没有问题的。

调解开始后，调解员首先讲解了有关的法律法规，接着宣布了调解纪律，告知本次调解将进行现场视频录制。老杨调解中心的陈松根同志强调，调解过程除了实况录制，还由他在现场专职笔录。调解员杨少剑同志分别核对、计算了双方当事人因伤治疗所花费的医药费等。

调解过程中，双方当事人言语不合，又争吵起来。应某说："冤有头，债有主，吵架的起因是冯某家的鸡来偷吃我家的狗食，过错在对方，所以应该由对方承担主要责任。"而冯某反驳说："偷吃你家的狗食，是我家的鸡不对，但鸡是畜生，不懂道理，难道人也不懂吗？你有什么道理，凭什么把我打伤？看看医药费就知道，我伤得比你重总是事实！"

这时调解员和双方当事人所在村的亲戚们说:"请你们注意一下自己的形象,顾及一下自己的脸面。这里是政府机关,不是吵架的地方。亲不亲,乡邻人。事情再闹大,不但你们自己吃苦头,以后还怎么在同一个村子相邻生活呢?"

调解员老杨同志更是抓住主题,适时推进说:"争吵不能解决问题。虽然事情的起因由鸡和狗引发,但我们人就不要因鸡狗矛盾再次争吵,人总是要讲道理的,有话好好讲。到了政府机关,就应该相信政府。再说,我们是来化解矛盾而不是制造新矛盾的。请大家抬头看看摄像头,这是视频录制现场,全程摄像,等一会儿调解结束,你们可以看看自己刚才的表现。"

见大家这么一说,双方当事人开始平静下来。

调解员公平、公正、公开地解读法律规定,核算双方所需互补的金额。经过耐心细致、依法有据的调解,最终双方当事人自愿达成以下协议:冯某给应某赔礼道歉,应某补偿给冯某住院治疗所花医药费的一半,赔偿款项当场兑现。调解员对双方当事人说:"矛盾解决,大家还是好邻居,心情舒畅,安心搞生产、过日子。过几天我们老杨调解中心还将上门对你们进行回访。"

当调解员把双方的手握在一起时,双方当事人都绽露笑容,对调解员表示衷心的感谢。

案例点评:乡村社会,邻里守望,远亲不如近邻。邻里之间因为饲养家禽而发生的矛盾纠纷屡见不鲜。双方当事人所在村的调解员和他们共同的亲戚参与调解,有助于矛盾纠纷的调处。现代化的现场调解实况录制以及调解员的讲话艺术,都对平息双方当事人的情绪,达成调解协议,起到了一定的作用。

⑤

邻里纠纷僵三年　调解成功又言和

案例介绍： 钱某是枫桥镇某村老实巴交的农民，他的邻居陈大爷是位固执的退休教师。几年前，陈大爷在钱某家的屋后种了一棵桂花树、几棵杂木树和几株毛竹。眼看着几年过去，桂花树和杂木树越长越高，毛竹长出的笋又变成新的毛竹，毛竹越来越多。这么多的绿色植物直接导致钱某家的采光受到严重影响，尤其是钱某家的厨房，被树木遮挡后变得很阴暗，就连白天也要开灯。于是钱某找到陈大爷，建议他把树木砍掉，陈大爷不同意。钱某第二次上门，再次建议陈大爷把树砍掉，陈大爷依然置若罔闻，不予理睬。在陈大爷这里碰了钉子之后，钱某就把情况向村党支部书记做了反映，党支部书记就托人做陈大爷的工作，陈大爷就是不买账。这下可把钱某惹火了，钱某一气之下，竟把陈大爷家的水管敲破。陈大爷针锋相对，以牙还牙，把钱某家的围墙敲了一个洞。两家的纠纷如果再这么发展下去，说不定会出什么事。这时村干部说："你们两家的事村里管不了，看来得请镇调委会来解决。"

调处过程及结果： 钱某先来到镇信访办，信访办的接待人员就把钱某反映的事跟镇调委会说了。第二天，镇调委会的工作人员就上门，分别做钱某和陈大爷的思想工作，从中进行调解。陈大爷对调解员说："钱某把我家水管敲破了，得给我修好，至于树木遮阴问题先别说。"调解员说："事情闹到这一步，起因就是树木遮阴问题。你换位思考一下。你在村里是大家都很尊敬的退休教师，教师的思想觉悟应该比一般人高点才对。"陈大爷听了调解员的话，顿时不说话了。调解员又对钱某说："敲破人家的水管总是要赔偿的，你家围墙损坏，对方也要给你修补好。谁损坏谁赔偿。"

调解员又实地仔细查看了树木遮阴问题，认为钱某提出的砍去树木的办法不是最理想的，考虑到经济问题，建议陈大爷把树木移栽到别处。毛竹是再生资源，可以适当砍伐几棵，让毛竹不再影响钱某家厨房采光。对于调解员提出的调解意见，双方都表示认同，并在协议书上签了字。双方承诺在规定的时间里履行协议书上的相关事项。后来调解员对此案进行了回访，发现钱某和陈大爷已摒弃前嫌，和好如初。陈大爷说："好在你们及时介入，现在想想，如果当初不是你们及时调解，很可能还会闯出大祸呢。"2017 年 3 月 14 日一大早，钱某来到镇调委会办公室，调解员问钱某有什么事，钱某高兴地说："没事，我今天来，是特地来感谢你们的，感谢你们的调解使我们两家的矛盾得以化解。"

案例点评：一件邻里纠纷闹了三年，村里解决不了，最终由镇调委会圆满地化解了。双方当事人信任镇调委会，主动要求镇调委会为他们调解，并认同调解结果，这从根本上有利于化解矛盾，解决冲突。这一案例再次说明，基层调解组织在化解民事纠纷、维护社会和谐与稳定方面发挥的基础性作用越来越大。

⑥

闹纠纷出拳伤人　巧调解握手言和

案例介绍：枫桥镇某村大台门处老李与杨大妈系邻居关系。2017 年 3 月 23 日，老李在屋旁 20 余平方米地上建围墙，杨大妈看到后即上前阻止，声称这20余平方米地属于自己所有，要求停止施工，并出言侮辱，骂老李"不要脸"。老李听到杨大妈既争地又骂人，就从屋前赶到屋后，与杨大妈发生争吵。争吵谩骂中，老李克制不住内心的火气，冲上前去猛打了杨大妈脸部一拳，造成杨大妈脸部受伤住院治疗。杨大妈出院后，双方当事人自愿请求枫桥派出所老杨调解中心调解。

调处过程及结果： 2017年4月13日，老杨调解中心受理后，及时组织双方当事人、村干部到调解中心调解。调解过程中，双方各执一词，互相指责对方的过错，经过调解员一个多小时面对面地耐心疏导，按照谁伤害谁负责、谁有理谁举证的原则，双方对伤害赔偿问题基本达成共识。但是杨大妈提出要老李赔偿精神损失费5000元的诉求，老李不予接受。同时，杨大妈又提出老李圈建的20余平方米地是本村已故孤寡老人方某的自留地，而方某晚年生活及百年后事都是由杨大妈家承担料理的，并且方某在世时就已将那块地转送给了她，对此有方某遗嘱为证。老李也强调说，方某在世之时也曾口头承诺，将这20多平方米自留地送给他使用。双方当事人为方某的20多平方米自留地使用权问题争论不休，致使调解工作陷入了僵局，当天的调解没有达到预期的结果。不过在调解过程中，调解员观察到，虽然双方老人各说各有理，互不让步，但是双方子女都有孝敬老人、化解矛盾的愿望。事后，调解员杨光照建议双方老人都回避现场，由杨大妈儿子与老李女儿心平气和地面对面商议，由于双方子女都抱有诚意，各自均能做出让步，最后商谈基本达成三点意向：（1）按照谁伤害谁负责的原则，由老李方赔偿杨大妈医药费、护工费、伙补费等共计8000元整，但要审核医药等票据；（2）杨大妈请求补偿的被殴打精神损失费由5000元降至3000元；（3）关于方某自留地使用权问题，根据杨大妈提供的方某遗嘱内容，依照相关法律，这20多平方米自留地理应归杨大妈方使用。为从根源上解决纠纷，杨大妈儿子主动做出让步，提出 20 多平方米自留地有偿转让给老李使用，老李支付杨大妈转让费。虽然双方子女基本达成初步意向，但仍不能达成有效协议，老李女儿提出还要征求家庭其他成员意见，调解暂告一段落。事隔数天后，老李女儿再次来到老杨调解中心，说上次调解达成的三点意见已与家庭成员协商，为了父辈的平安和睦，已经做好父亲的思想工作，由她全权代理按原达成的基本意见协调。根据双方当事人子女的真诚请求，老杨调解中心于 2017 年 4 月 19 日再次组织双方子女、村干部共同调解。经调解，达成如下协议：（1）由行为人老李一次性补偿杨大妈医药费、精神损失费等各类补偿费 1.1 万元整；（2）杨大妈方自愿放弃对行为人老李的行政处罚和其他经济与法律上的追诉，并承诺从今以后双方互不谩骂，以和为贵；（3）方某的自留地使用权杨大妈自愿转让给老李永久性使用，由老李一次性支付给杨大妈土地有偿使用费。此纠纷经过反复调解协商，在当事双方子女的共同努力下，于调解之日达成协议，赔（补）偿款当场兑现。在双方晚辈的互让互利下，这次长辈间的纠纷终得以圆满解决，双方握手言和。

案例点评：这是一起利益纠纷导致的人身伤害案。双方当事人没有采用诉讼的方式而是自愿通过调解的方式解决问题。调解人员深入了解双方的所思所想，从双方最需要、急于解决的问题入手，摸实情、出实招，经过反复调解，耐心疏导，就地化解纠纷，做到大事不出镇、矛盾不上交，避免了农村纠纷给农村社会稳定带来的隐患，更好地推进了和谐社会建设。

枫桥
经验

桥
验

之人民调解案例故事

①

赡养问题担忧愁　上门调处解心结

案例介绍：王老师年届86，有两儿两女，是枫桥镇上有名的优秀教师，他写的毛笔小楷还获得过2007年诸暨市书法比赛一等奖。退休前，王老师忠诚党的教育事业，一心扑在教育上，桃李满天下。退休后，王老师还曾受枫桥派出所邀请，干过几年调解案卷的制作工作，但随着年龄的增长，疾病缠身，就不再工作了。

2017年2月27日一大早，王老师打电话给杨光照调解员。王老师说："今年以来有一事纠结于心，寝食难安，就是我和老伴晚年的赡养和照顾问题。现在我在住院，有医院护工照顾，生活没有问题。出院后，那就得靠子女赡养和照顾了。老杨，你能不能去我家里一趟，帮我解决一下我和老伴今后的赡养和照顾问题？"

接完电话后，老杨立刻出动，叫上同事陈松根直奔王老师家。调解员把王老师的两个儿子和两个女儿都通知聚到一起，还邀请了王老师所在村的调解员和一位调解志愿者共同参与。

经过深入了解，掌握了王老师家里的基本情况：王老师每月有6300元退休金，另外还有17万元的存款。王老师的长子家庭经济拮据，有个常年卧病在床的儿子需要照顾；小儿子家庭经济条件一般，但子女均已成家立业；大女儿的儿子已30岁，尚在监狱服刑，今年有望回归社会；小女儿有一个弱智的女儿，需形影不离地看管。"家家有本难念的经"，各个家庭都有各个家庭的困难，该如何协调王老师晚年的赡养和照顾问题呢？

调处过程及结果：调解必须依法律进行，调解的过程也是宣传法律知识的过程。《中华人民共和国宪法》第四十九条规定："成年子女有赡养扶助父母的义务。"《中华人民共和国老年人权益保障法》第七条规定："保障老年人合法权益是全社会的共同责任。"第十四条规定："赡养人应当履行对老年人经济上供养、生活上照料和精神上慰藉的义务，照顾老年人的特殊需要。"《中华人民共和国婚姻法》第二十一条规定："子女对父母有赡养扶助的义务。子女不履行赡养义务时，无劳动能力或生活困难的父母，有要求子女付给赡养费的权利。"赡养扶助的主要内容是指在现有经济和社会条件下，子女在经济上应为父母提供必要的生活用品和费用，在生活上、精神上、感情上，对父母应尊敬、关心和照顾。

根据以上国家法律的有关规定，调解员老杨先对在座的人员说："赡养扶助父母，是法律规定的每个子女应尽的义务。你们的父亲有退休金，父母的赡养费不成问题，现在的问题是落实照顾你们父母饮食起居的人选。希望四人都谈谈自己的想法。"

调解员话音刚落，王老师的大儿子就情绪激动地说："我有照顾父母的心，也愿意去这样做。但实际情况是我儿子常年卧病在床也需要人照顾，自己是心有余而力不足！"大儿子还说，这几年感觉父母一直偏心小儿子，对其多加照顾，现在就应该小儿子多尽责任。他跟他父亲有点隔阂，心里不痛快。说到激动处，大儿子还打了自己两个耳光。

紧接着王老师的大女儿说："我心里也想照顾父母，可是我儿子马上出狱，30岁的儿子总得想办法给他重新安排生活，到时还要娶儿媳养孙子，压力很大。再说家里只有两个房间，把老人接到家里照顾也没有地方住啊！"

这时小女儿说："我家女儿是弱智，生活无法自理，时时需要我看管，寸步不敢离开，压根儿就没精力再把父母接来我家住。"

后来，小儿子自告奋勇地说："照顾父母是大家的责任，相比而言，我比其他兄妹的处境稍微好点，由我来承担照顾父母的责任没有问题。但是，照顾父母日常生活需要经济开支，每个月开支多少，是否应该确定个数目，从父亲的退休金里转给我？这也应该签订个协议，免得我尽了照顾的责任，反倒说是我占了便宜。"

听到这里，调解员觉得事情的解决有些眉目，但定夺前应先听听王老师的意见。于是，调解员老杨走出门外给王老师打了个电话，通报了调解现场四个子女的意见，老杨问王老师有没有住小儿子家的意向。王老师说他心里也是这样想的，但具体怎样做，还要请调解员帮忙协调。

调解员和在场的几个人经过斟酌，商定王老师夫妇住在小儿子家里，由小儿子照顾父母，每月从王老师退休金里拿出4500元作为照顾王老师夫妻两人的生活费，到寿终正寝。其他几个子女都表示同意。

但这时，大儿子提出："父亲每月有6300元退休金，扣除生活费用4500元，还有1800元，这笔钱应该每月4个兄妹分掉。还有父母另外17万元存款应该如何处理？"

这时调解员当即打断大儿子的话，义正词严地说，父母亲年龄大了，除了生活开支以外，自己也要有适当的经济支配权，这1800元应该由父母自由支配。

在场的其他人员都认为调解员说得有理。这时小女儿又提出来万一父母生病住院怎样办？

调解人员、村干部与王老师子女经过现场协商，商定日后父母住院医药费用先从17万元存款中支付，如果有缺口再由四个子女平均承担。

调解工作一直忙到中午12点，最后达成调解协议。

当调解员把这个消息电话告诉王老师时，王老师激动地连声说："行！行！行！住在小儿子家，由小儿子照顾，这样的调解结果太满意了，谢谢镇调委会。"

　　根据相关程序，调解员让王老师写了自愿住小儿子家的意愿书。

　　第二天，调解员老杨和老陈特意去医院看望了王老师。王老师说昨天晚上小儿子已来医院看过他，等出院就直接搬到小儿子家，小儿子已备好他们二老生活起居用的日用品，并趁天晴将父母的被褥卧具都晒过了。王老师还说，昨晚当着小儿子面他都哭啦！儿子问他为什么哭，他说他这是晚年有靠，喜极而泣啊！老杨和同事听了王老师的话，心里的一块石头总算落了地。

　　案例点评： 与以往调解子女赡养父母案不同，本案当事人需要解决的不是经济上的困难，而是谁来与父母一起居住，谁来照顾老人日常起居的问题。可喜的是，经过各方面的工作，本案最终得以圆满解决。

　　"老吾老，以及人之老；幼吾幼，以及人之幼。"我国已经进入老年社会，老有所依、老有所养是每位老人的心愿，更是社会的责任。乌鸦尚有反哺之恩，赡养老人不光是中华民族的传统美德，也是每个子女的法定义务。陪伴是最长情的告白。赡养不光体现在物质方面，还应包括精神陪护。

　　经验证明，赡养老人案矛盾的主要方面往往在子女，只要做好子女的工作，这类案子是不难调解的。

②

婆媳矛盾闹得猛　　调解过后处得欢

　　案例介绍： 自古以来，婆媳相处是个大课题。在枫桥镇调委会调解的案例中，曾经遇到过婆媳之间产生矛盾，闹得水火不容，但是经过调解员调处后，婆媳关系有了根本性的转变。在调解员上门回访中，看到的是一家人其乐融融。

2016年2月中的一天，枫桥镇某村王书记特地来到镇调委会，反映他们村有一对婆媳因为日常生活琐事产生了矛盾，婆婆和媳妇时常各自跑到村服务中心，相互告状。婆婆王大妈有一儿一女，儿子、媳妇住在她隔壁，以经营家庭纺织业和做小本生意为生。女儿嫁到邻村，身体欠佳，生活艰辛。王大妈和老伴平日里就在家里干干杂活。近半年来，王大妈和儿媳之间总是为鸡毛蒜皮的事引发争吵。吵架时，王大妈诅咒儿媳说："对我不好，你们生意要不好嘞！"儿媳平时不仅自己不同王大妈打招呼，而且让自家的孩子不要叫奶奶。婆媳矛盾导致婆媳之间水火不容，越走越远。

调处过程及结果：听完王书记反映的情况，镇调委会随即召集王书记所在村的村干部和老杨调解中心的调解员，请王大妈和儿媳妇一起面对面坐到调解桌旁。调解员首先听取王大妈的想法，询问了与儿媳产生矛盾的原因。王大妈说："主要是平时儿子和媳妇整天忙自己的事，没有空来跟我们老两口说话，没有细心地关心我们。"这时王大妈的妹妹在一旁指责王大妈儿媳："我家儿媳可比这外甥儿媳好多了。"听到这句话，王大妈的儿媳突然大声说："我家的事，你们外人不要来管，尤其是你这个姨妈！"调解员对王大妈的妹妹说："你先别说话，不要火上浇油。"调解员问王大妈的儿媳小张说："你认为自己有没有缺点？"小张回答说："公公婆婆我们一直在赡养，至于他们要我天天讲好话给他们听，这我做不到！"调解员听了双方的意见后，基本上弄清楚婆媳矛盾的根源了。调解员劝王大妈说："子女平时又要工作又要照顾小孩，可能对你们老两口关心不够，在这方面他们作为小辈也应该检讨。但是，作为自己亲生儿子的父母，不要因为孩子们的疏忽，对你们照顾不周而斤斤计较，相互之间应该多体谅。"调解员又语重心长地对儿媳小张说:"作为小辈,我们也会有做长辈的一天,尤其是你的儿子长大后也会娶妻生子,你做婆婆的日子也不会太远啦。婆媳相处也是一门学问。至于王大妈说的,你不让自己的儿子叫王大妈奶奶这事,如果属实的话,请尽快改正。尊老、敬老、爱老是我们每个人应该具有的品德。小孩子正处于人生思想品德养成的阶段,而家长作为小孩子的第一任老师,应该在孝敬老人方面给孩子做出榜样。"

听了调解员的一番话,婆媳双方的情绪平静了下来。这次调解,调解员没有让双方签订所谓的协议书。调解员认为家庭的婆媳纠纷并不是用协议可以约束对方的,而是需要双方相互沟通、相互体谅,设身处地为对方着想。

过了几天,调解员通过电话回访了王大妈和儿媳小张,双方感谢调解员为他们家事劳心,都很有信心地告诉调解员,她们之间的关系正在往好的方面发展。半年以后,调解员下村特意走访了小张和王大妈。调解员来到王大妈家,问道:"最近你儿媳对你怎么样啊?"王大妈笑着说:"喏,你看,灶台上的鸭子是儿媳早上拿给我的,你们说我们好不好?"调解员听了王大妈的话,为婆媳之间关系的改善,由衷地感到高兴。

案例点评:夫妻关系和亲子关系构成了家庭结构的基础。婆媳关系是以上述两种关系为中介结成的特殊关系,它既无亲子关系所具有的稳定性,也无婚姻关系所具有的密切性,因而是一种比较难处理的人际关系。如果处理不好,婆媳关系就会失和,甚至恶化。本案中的婆媳两人总是为鸡毛蒜皮的事吵架,关系恶化到水火不容的地步。经过调解员调处后,婆媳关系有了根本性的转变。之所以取得这样好的结果,原因在于调解员运用的调处方法、原则和理念是正确的。婆媳产生矛盾纠纷,都是有一定原因的,只有搞清原因、对症下药,才能药到病除。调解员通过听取当事人的陈述,摸清了婆媳矛盾产生的根源,是相互之间缺乏谅解，不能站在对方的角度考虑问题所致。根据婆媳矛盾的特点和性质，调解员以中立的第三者身份，开展耐心细致的说服疏导工作，语重心长地劝导双方站在对方的立场去考虑问题：作为婆婆，对晚辈要大度、宽容，不要斤斤计较；作为儿媳要尊重婆婆，在尊老、敬老、爱老方面为下一代做出榜样。最终，促使双方当事人相互体谅，消除隔阂。本案例在调解婆媳矛盾过程中，体现了我国历来提倡的"设身处地""己所不欲，勿施于人"等理念，这些理念也适用于调处其他矛盾纠纷，运用得当都能取得很好的效果。

③

十年家暴一朝改　夫妻恩爱幸福来

案例介绍： 2017年暑假的一天，一位丁姓中年妇女来到枫桥镇娟子工作室。丁女士坐下来，边喝着娟子泡给她的玫瑰茶，边对娟子说："我刚从枫桥派出所报案出来，是派出所的警官让我来找妇女维权的娟子工作室的。"丁女士说着还撸起袖子，指着胳膊上的大块乌青说是她丈夫打她的证据。

原来，丁女士的丈夫老钱十年来一直打她。为此，她这些年报了无数次警，前几年镇妇联的领导也几次上门调解。但是，丁女士的丈夫屡教不改，家暴仍频频发生。据丁女士反映，最近她丈夫还有出轨的嫌疑，在家里也闲坐一个多月了。丁女士说，家里上有80多岁的婆婆，下还有读大学的女儿。

调处过程及结果： 娟子工作室的娟子听完丁女士的倾诉后，觉得这场家暴持续时间长而且性质恶劣，必须及时想法子解决。

娟子耐心倾听了丁女士的倾诉并询问了丁女士对婚姻前景的想法。从丁女士的谈话中，娟子得出以下三点情况：一是丁女士不想与丈夫离婚；二是丁女士的丈夫没有精神障碍；三是丁女士与婆婆也有一定的思想隔阂。

娟子随后拨通了枫桥大妈联合会陈会长的电话，邀陈会长一起去丁女士家了解情况，弄清丁女士丈夫家暴的真正原因。

来到丁女士家，看到丁女士丈夫正在后院洗衣服，两间老房子收拾得很干净。等丁女士丈夫老钱洗完衣服，陈会长招呼老钱坐下来聊聊天。老钱好像知道他们的来意，开门见山地说："不用多说啦！"随即从一个抽屉里拿出来一份拟好的离婚起诉书，说明天就到法院，要丁女士法庭上说。丁女士一把夺过丈夫手中的离婚起诉状，愤怒地说："我不想离婚！"这时，陈会长说："你们夫妻俩先不要吵，听我说说离婚的弊端。"陈会长接着说："一日夫妻百日恩，夫妻之间应该多包容点，牙齿舌头有时也要打架。老钱，你平时给人印象也不错的。"娟子问老钱道："你想离婚的理由，是你老婆说的有外遇吗？"老钱还是不说话。一时气氛陷入沉闷状态，过了一会儿，丁女士又开口说起了她怀疑老公有外遇的证据。

这时娟子把老钱叫到了隔壁客厅，对老钱说："打老婆肯定是不对的，《中华人民共和国反家庭暴力法》应该知道吧？我想听听你打老婆的真正原因是什么。"老钱回答说："大概十年前，我发现老婆有外遇，和我老婆一起的那个男人，是我老婆的初中同学，看上去比我差远啦！那个男人的妻子因为老公有了外遇而得了抑郁症，被老公送回了娘家，在娘家一住十几年了，而且精神状况越发不好。"娟子一听，心想真是无巧不成书啊！老钱说的那个男人的岳母刚好前一天来找过娟子，说起她女儿和女婿的事情，想请娟子去她女婿那里说和，劝说女婿把她女儿接回去，因为离婚手续没办过，女儿应该让她丈夫接回去。

听到这里，娟子问老钱："你想离婚，有没有跟读大学的女儿说过？有没有考虑过女儿以后嫁人的事？"娟子再次问起老钱有没有外遇的事。老钱回答说："我现在已经没有外遇啦。"还说："这段时间天气炎热，我没活可干，在家里做做家务，包括打扫卫生。老婆家里的活一点也不干，都是我来干。"娟子最后对老钱说，希望过一段时间再上诉法院离婚。娟子劝丁女士说："平时工作之余，多干干家务活。对婆婆也要尊重、关心，平时多嘘寒问暖。"不知不觉，娟子和陈会长劝导了丁女士夫妇个把小时，临别时，夫妇俩把娟子和陈会长送到大门口，以示感谢。

第二天一大早，娟子先给丁女士打电话，婉转表达了老钱昨天所说的部分心里话，同时嘱咐丁女士，如果丈夫再打她，就打电话告诉娟子。丁女士正在上班，也不方便多说。之后娟子又打电话给老钱，再三叮嘱他千万不要对妻子施以家暴，做违法的事。希望老钱今后有什么烦心事，可以通过娟子工作室热线电话来倾诉。

三个月后的一天，娟子第三次拨通了丁女士的电话，回访家庭生活怎样，丁女士高兴地回复说："谢谢娟子，这段日子不错。"听上去丁女士心情爽朗，娟子心里的一块石头终于落了地。

案例点评：诸暨市妇联和枫桥镇妇联为了更好地服务当地妇女儿童和平安家庭创建，于 2017 年创建了枫桥镇娟子工作室。反对和制止家暴，维护妇女的合法权益，是娟子工作室日常工作中的一项重要任务。娟子工作室成立不到一年，就接到好几起家暴事件投诉，请求娟子帮忙解决。在上述这个案例中，调解员娟子抓住夫妻双方矛盾的关键点，通过一通通电话、一次次上门，苦口婆心，循循善诱，耐心劝导疏通，最终劝和了一对即将对簿公堂的夫妻。

多年以来，据不完全统计，家暴占婚姻家庭类投诉的 30%，为此，2015 年，我国出台了《中华人民共和国反家庭暴力法》，以保护家庭生活中家庭成员的生命安全，促进平安家庭建设。

④

争遗产兄弟反目　和为贵重归于好

案例介绍：枫桥镇某村的大骆小骆兄弟，是当年建造永宁水库时的拆迁户。因为当初父亲帮兄弟俩分家产时，没有想到后面要拆迁，所以 20 世纪 90 年代登记房产时，父亲把一处自己住的平房登记到暂时与他同住的小儿子小骆名下。就是因为这处平房的拆迁赔偿款导致大骆小骆兄弟俩反目。

小骆分到平房的赔偿款后，大骆的妻子就找上门来，扬言："当初这处平房是公公的产权，所以这次拆迁款应该兄弟两户人家平分！"小骆夫妇反驳道："这房产证上写的是我的名字，当然是我家的！"为平房的赔偿款，两家这一段时间争吵不断，并由此引发出一系列矛盾。

调处过程及结果：村党支部陈书记和村主任从走访中了解到这个情况后，觉得有责任帮助这两户人家化解矛盾，不要因为这两户人家的矛盾影响村里的安定和谐，于是主动和村党支部委员吕小祥一起召集兄弟两家来到村调解室调解。

小骆夫妻俩刚踏进调解室大门，就大声对着陈书记嚷道："你捞了他家什么好处，想把我家的钱分给他们？"陈书记也不生气，马上给夫妻俩泡了杯茶，让两个人先坐下再说。随后，大骆夫妻也走进了调解室，看到小骆夫妻后气不打一处来，马上对着陈书记说："现在不是我们家硬要他家钱，而是分家时我们的舅舅也在场，他们也知道当初分家时，这处平房是父母的，那么现在父母不在了，这遗产当然属于两家。"还没等大骆夫妻说完，小骆的妻子就走到大骆面前跪拜起来，诅咒他家不得好死！眼看矛盾即将进一步激化，两名调解员马上把双方当事人劝开。陈书记拿起他自己办公桌上的糖分给双方当事人吃，一边分，一边劝说："你们也吵累了，先吃颗糖。我跟你们无冤无仇，你们两户人家本该上法庭解决，但是亲兄弟本是同根生，相煎何太急？你们没听到村里有户人家三兄弟，其中有位兄弟这次还无偿捐给另外一位生病的兄弟30万元，你们想想看。"这时，一旁的吕小祥对两个当事人说："你们的事再争执下去，说不定轻则打成轻伤，重则闹出人命，所以我们今天是为你们着想，代表村里叫你们两户人家坐下好好调和一下。"

听了两位调解员的话，双方当事人气头小了好多。这时大骆开口说："既然这样，你们村里给我分分看。"小骆说："现在是法治社会，凡事得按法律来，你们两位干部想个方案出来。"这时陈书记给他的朋友，也是小骆妻子和大骆同一单位的领导打了个电话，让这位领导来做双方的思想工作。单位领导马上赶过来，劝双方当事人说："我看你们是亲兄弟，大家好好协商一下，到时让村里给你们写张协议，双方姿态都放低点，互相包容点，不要为了父母的遗产弄得你们父母地下不安。"这话一说，双方当事人顿时鸦雀无声。这时隔壁办公室的村两委的其他干部也进来劝说兄弟俩。村妇联主席说："我昨天看到一条新闻，有位80多岁的老爷子在登寻人启事，寻找70年前走散的兄弟。你们要珍惜兄弟情，兄弟情谊无价，钱总要用完的呢！"

经过两个小时的调解协商，最后经过双方当事人同意，达成协议：小骆从分到的补偿款中分出一部分给大骆，并且当场兑现，两人握手言和。

案例点评：本案例中，调解员遵循中华民族"和为贵"的理念，通过耐心说理劝导，又巧妙地借助双方当事人的领导出面做工作，从而成功地化解了兄弟反目的矛盾纠纷，使两家重归于好。

　　随着经济社会的发展，因拆迁征地等引发的矛盾纠纷也随之时有发生。这类矛盾纠纷因涉及当事人的经济利益，具有尖锐性、激烈性，如不及时调解，往往会导致严重后果。本案值得肯定的是，调解员在遇到矛盾纠纷时，既没有回避，也没有推出去将矛盾纠纷上交，而是积极主动地介入调处，及时将矛盾纠纷解决在基层，做到了矛盾不出村。

枫桥
经验

之人民调解案例故事

①

意外身亡谈赔偿　同类案例做比较

案例介绍： 2016 年 6 月 7 日上午 8 时左右，枫桥镇某村村民王某在边某承包的工地做小工时不慎跌倒，后经医院抢救无效死亡。王某与边某没有签订书面劳动合同。事发后，当事人家属和王某所在村的党支部王书记找到镇调委会请求调处此案。

调处过程及结果： 王书记处事公正，威望高，深得村民信任。在王书记的劝导下，王某家属表现冷静，没有以往死亡家属的冲动、激愤行为，这给调解创造了良好的氛围，给调处工作带来了方便。

王某在边某承包的工地上做小工，双方虽然没有签订书面劳动合同，但是已经形成事实劳动（务）关系，王某系劳动关系中的雇员。《中华人民共和国侵权责任法》第三十四条规定："用人单位的工作人员因执行工作任务造成他人损害的，由用人单位承担侵权责任。"第三十五条规定："个人之间形成劳务关系，提供劳务一方因劳务造成他人损害的，由接受劳务一方承担侵权责任。提供劳务一方因劳务自己受到损害的，根据双方各自的过错承担相应的责任。"根据以上法律规定，本案中雇员王某在劳动关系存续期间没有过错责任，雇主边某应当承担相应的法律责任。经过王书记和调解员讲解有关法律规定和耐心劝说，边某同意给王某家属一定的经济补偿，但双方当事人在补偿额度上各持己见，互不相让。为了求得共识，达成一致意见，调解员"以史为例"，列举了以往调解成功的几个类似补偿案例作为参考的标准，在此基础上，合理定夺。通过斟酌微调，双方当事人达成共识。

经过调解协商，双方当事人最后心平气和地达成一致意见：边某同意一次性补偿给王某家属抢救费、丧葬费、死亡赔偿金、精神抚慰金等全部费用合计人民币 26 万元整。此案了结，再无争执。双方都对调解员和王书记表示感谢。

案例点评：有法必依，依法维护劳动者和用人单位的合法权益，是处理劳资纠纷的核心。这场意外死亡虽不是人为造成，边某本身并不存在过错，但王某在边某承包的工地上干活，边某作为雇主是受益者。根据相关法律，边某应给王某家属一定的经济补偿。在这场意外死亡事故处理过程中，调解员请了处事公正、威信高、当事人双方都信得过的村党支部书记参与调解，对化解矛盾，求得共识起到了很大的作用，这不失为促进调解工作的一个新思路。其次，调解员"以史为例"，及时调取、合理运用以前调解好的类似案子作为对比，有数据，有案例，有事实，以理服人，使当事人双方心悦诚服，较快接受调解方案。

②

歌厅唱歌变打架　　及时调解息纷争

案例介绍：2016 年某天，江西人金某、湖南人张某、湖北人李某，还有他们各自的老板一起去枫桥镇上某歌厅唱歌。大家喝着酒，唱着歌，兴致高涨，一直到半夜。金某和张某都已经喝得差不多了，有了八九分醉意，张某更是躺在歌厅的沙发上睡着了。后来，金某鬼使神差，竟然恶作剧去解张某裤子的皮带。张某在睡梦中惊醒，发现了金某的举动，爬起来朝金某鼻梁上打了一拳，坐在他们旁边的李某看到了这一场景，急忙好心上前去劝架。谁知这时张某拿起啤酒瓶欲砸向金某，不想正好砸中李某的后脑。李某血流一地，被同行的几人急送医院抢救。

当地派出所闻讯后及时处警做了现场踏勘，并对一起唱歌的几个人都做了笔录。

李某住院一个月，共花去医药费6万多元。案子本该走刑事程序移交司法机关处理，但是李某不想走司法途径，他想通过调解解决，于是经派出所同意，找到镇调委会，请求调解处理。

调处过程及结果： 接到该案后，枫桥镇调委会调解员迅速召集张某、金某、李某及他们的老板，调查了解案情。李某说："我已经找律师咨询过啦，金某和张某最起码要赔偿我35万元。"三个当事人的老板都是枫桥本地人，都有一定的经济实力。调解员听取了李某的赔偿诉求后，又把金某和张某叫到一起，听取他们对李某赔偿要求的意见。

金某说："我没有打过李某，不应该让我承担赔偿责任。"调解员分析反驳说："你金某是整个事件的导火索，如果你不去解张某裤子的皮带，就不会引发后面的事。你去解张某裤子的皮带，与后面事情的发生，有明显的因果关系。所以你应该负一部分责任。"金某听了调解员分析后，表示同意支付一部分医疗费给李某。张某虽然表示同意赔偿李某，但是认为李某的赔偿要求太高，他不接受，情愿走司法途径解决。张某、李某和金某三人的老板认为，走司法途径解决对大家都不利，还是通过调解更好。于是镇调委会和三人的老板分头做张某、李某和金某的思想工作，特别是做好受害人李某的安抚和心理疏导工作，平复其激动情绪，引导利益诉求合理化。

经过调解员三番五次与双方当事人沟通协商，李某放弃了原来的主张，在赔偿数额上不再坚持己见，同意接受张某和金某总共 16 万元的赔偿，其中金某赔偿 4 万元，张某赔偿 12 万元，但要求张某首次赔偿 4 万元。由于张某没有能力一次性支付给李某 4 万元，张某的老板主动站出来做了张某的欠款担保人。这起纠纷案就这样及时得到了解决。

案例点评： 这是一起因打架引起的刑事案件，本该由派出所移交司法机关处理，但是三方当事人都不想走司法途径，要求通过调解来解决，这时调解就起到了止纷息事的作用。不仅节省了司法资源，而且避免了走司法程序给三方当事人所带来的讼累。调解员根据案情需要，在调解中邀请三方当事人所在单位的老板参与调解活动，是本案纠纷调解成功的重要原因之一。

像打架伤害他人这样的一般性过失犯罪，通过调解处理，有利于消除双方的对抗情绪，修复受损的社会关系，实现法律效果和社会效果最大化，即使过失伤人者依法得到从轻处罚，同时也将被害人的伤害降到最低。

③

一时冲动铸大错　承担责任教训深

案例介绍： 2017 年 4 月 4 日，时值清明节小长假，大伙高高兴兴过节祭祖，不料在枫桥镇某村发生了一起令人不开心的事。陈某驾车途经枫桥镇某村道时，村民冯某正巧从相对方向驾车向陈某驶来，由于村级道路狭窄，车辆交会难以通过。陈某为了避让对方来车，事先在路肩停驶。冯某见对方停驶，就主动下车观察路况，并指挥陈某缓行通过。陈某估计路面狭窄难以通过，就对冯某说："你要我通过，车辆发生刮擦我不负责。"就为这一句话，双方发生口角。在争执中冯某上前拦住陈某车辆，并意气用事，用拳猛击陈某轿车的引擎盖。陈某下车观察车辆受损情况，发现车辆引擎盖被击凹陷。陈某一时激怒，随即赶上前去与冯某理论。在互相推搡中，冯某先下手为强，出手打陈某胸部一拳。陈某被打，克制不了内心的怒火，于是紧握拳头，猛击冯某脸部一拳。冯某当场仰面跌倒在地。冯某跌倒后，陈某觉得自己失手，赶紧上前扶起冯某，发现冯某鼻部、嘴部红肿出血。双方当事人在现场就伤害问题讨价还价，受害人冯某要价4万元就地私了，不做报警处理，行为人陈某认为自己也有伤情，对方要求太高。由于双方意见不一，未能达成赔偿意向。事后，冯某在本村村民的护送下，住院治疗。经医院检查，冯某被诊断为鼻骨两侧骨折、嘴唇挫裂伤等。

调处过程及结果：陈某在得知冯某伤情后，深感后悔，并于当天下午前往枫桥派出所老杨调解中心请求协调。调解员杨光照听了案情及伤情后，对行为人陈某等做了有关致人伤害的法律辅导，以理说服，明确造成伤害后果所承担的法律责任与民事赔偿责任，并劝导当事人认识过错，主动上门赔礼道歉，尽最大努力，用真心赢得受害人的谅解。在调解员的说服下，行为人陈某于当天下午专程上门致歉，受害人冯某对行为人的真诚歉意表示谅解与宽容。

"说的是法，认的是理。"在双方当事人亲属的共同劝解下，双方达成了初步的协议意向。2017年4月5日下午，双方当事人为达到和睦相处、团结友好的目的，在双方亲属的陪同下，来到老杨调解中心，自愿请求调解。老杨调解中心受理后，在调解员面对面、依法公正地多番劝导下，在调解桌前双方当事人都真诚地向对方检讨了自己的行为和过错，一时冲动，酿成大错，都表示要从中接受教训。对此，调解员适时把握时机，综合分析双方的请求意向，最后达成调解意愿协议：行为人一次性赔（补）偿

受害人冯某（伤残）医药费、误工费等各类损失费，共计人民币
3.7万元，赔偿款于调解当日当场兑现。事后，当事人双方握手
言和，达到案结事了、共创和谐的社会效果。老杨调解中心及时
受理调解，"为民所急，为民解难"的行动得到了双方当事人的
认可和感激。

案例点评：调解实践告诉我们，"有一家一户的小平安，才
有全国的大平安"。这起纠纷的成功调解，有效地避免了矛盾的
激化、民情的恶化，并且避免了民转刑案件的发生，较好地化解
了"一朝官司，世代冤仇"的司法困境。斗则伤，让则和。这起
案例再次说明，调解和解的"东方之花"在枫桥盛开不衰，具有
强大的生命力。

④

朋友介绍来帮忙　不幸摔伤怎么办

案例介绍：陈某是枫桥镇上一家企业的老总，为人低调又仗
义。陈某不但企业办得风生水起，而且热衷于镇里的公益事业，
扶贫帮困是镇上有名的。

2016年的春天，陈某厂里要修房子盖钢棚。陈某的一个朋友
热心介绍了同村楼某前来帮忙。楼某来帮忙的第一天，刚爬上房
顶就不慎摔了下来。陈某和厂里的一名员工当即把楼某送到医院
急诊。经过医院诊断，楼某摔得不轻，腰部受伤，在医院住了一
个月。楼某康复出院后，陈某立马找到镇调委会，就赔偿楼某一
事进行了咨询。陈某说楼某是他朋友介绍来帮忙的，现在发生了
这样不幸的事，他理应对楼某有一定的经济补偿。调解员听了陈

某的话后，觉得他通情达理，调解这次案件会比平时遇到的意外摔伤案容易些。

调处过程及结果： 第二天，陈某和楼某就来到了调解室，双方当事人都很客气。调解员首先向双方当事人介绍了意外摔伤赔偿的有关规定，之后计算了一下陈某应该补偿给楼某的所有费用，除去陈某已经付给楼某的医药费外，还应再补偿楼某营养费、差旅费、陪护费、误工费等计5万元。楼某对补偿给他的费用数额表示接受。陈某听了调解员计算的补偿费用后，主动提出再多给楼某1万元。陈某说："据了解，楼某的家庭负担比较重，多给楼某一些补偿，对于我来说没有多大困难，只要厂子多接几笔业务就解决了。"这件意外摔伤案调解在楼某对陈某的感谢声中结束了。在这场意外摔伤案中，楼某放弃了伤残鉴定。

案例点评： 这一意外摔伤案件之所以能够顺利调解成功，有两方面的原因，一是当事人双方都有以调解方式解决问题的意愿，并能换位思考，多为对方着想；二是调解员依照有关规定，公道公正，提出的赔偿意见双方都能接受。这一案例再次启示：人民调解是化解基层矛盾纠纷的一个有效途径。

⑤

离异夫妻起纠纷　调解介入来了结

案情介绍： 2013年冬季的一天，天气阴冷，王某前妻洪某和她妹妹来到王某家里，她们这次来的目的是天冷了取些冬天的衣物。洪某整理衣服时，发现有件贵重的衣服不见了。这时，王某从外面回到家中，洪某就责问王某是不是把她的衣服给了别的女人。王某一听，气不打一处来，大声责骂前妻洪某为何不经他同意擅自闯进他家拿东西！洪某姐妹俩也不示弱地反驳道："离婚时家产还没分割好，当然要来拿东西。"双方你一句我一句，争吵了起来，后来王某抓起洪某头发，一个巴掌打在了洪某脸上，还打伤了洪某的手。洪某的妹妹见状当即报警，并且要打电话给亲戚，让亲戚前来报复，痛打王某一顿。眼看事情越闹越大，洪某适时制止了妹妹叫亲戚报复的行为，对妹妹说："我们先上医院看伤，再请镇调委会来给我们解决。"

调处过程及结果：洪某在市级医院治疗，先后共花去医药费1.3万元。伤好出院后，双方当事人来到镇调委会请求调解此案。镇调委会接到案件后，详细了解了此案发生的原因及状况，分别听取了当事双方的诉求。王某和洪某离异后，财产一直没有分割，这是导致双方产生冲突的主要根源。调解员对王某动手打前妻的行为进行了批评，王某所在村的村民们也责怪王某打人的粗暴行为。调解员认为，依照有关法律法规，王某必须承担洪某的医药费，并把双方当事人的儿子请来一起做父母的思想工作。王某表示接受镇调委会的调解，答应一次性补偿给前妻医药费1.3万元，并且当场兑现。为了避免双方今后因财产分割再产生矛盾纠纷，在镇调委会的帮助下，王某夫妻婚姻存续期间财产也得到公平、公正、合理的分割。

案例点评：如今夫妻离异因财产分割产生矛盾纠纷的案件时有发生。本案双方当事人因财产分割发生矛盾冲突后，没有选择诉讼的方式，而是通过调解途径来解决。镇调委会急群众之所急，帮群众之所难，依据有关法律法规进行调解，将矛盾冲突及时化解在基层。

⑥

酗酒嬉闹不听劝　大打出手惹祸端

案例介绍： 2016 年 10 月 5 日晚上，枫桥镇某卡拉 OK 厅内，青年赵某、曹某饮酒后有点忘乎所以，开始大声喧哗，相互嬉闹，使歌厅场面一度陷入混乱，影响他人娱乐。卡拉 OK 厅的老板娘孙某见状，出于本职和本能，不由自主地数落起来，要求两个人立即停止吵闹。

想不到，赵某听了很不耐烦，竟回答道："你少啰唆！开得起饭店就不怕大肚汉，我们出了钱，想怎么玩就怎么玩！"曹某也在一旁帮腔："是呀！屋子还会塌下来不成？你狗拿老鼠多管闲事。"

老板娘听后，气不打一处来，怒气冲冲道："真不知天高地厚！都像你们这样，我还开什么店？你们这臭钱我不想赚，给我滚！"说着，她伸手想把赵某和曹某推出去。

此时此刻，赵某、曹某已陷入了极为尴尬的境地。他们想，要就这样灰溜溜地离开歌厅，哥们儿的面子往哪儿摆？只能毛笋壳包着脸皮做人了。两个人不假思索，同时向孙某发起了攻势。赵某伸手往孙某膀子上猛力一推，曹某则从后面往孙某腿肚子踢了一脚。一女怎敌二男？孙某自出娘胎，也没碰上这等全武行，她瞬间"啊"的一声，倒地不起，便没了声息。赵某、曹某见状，说了声"别装死！"就扬长而去。卡拉 OK 厅里的员工报警后将老板娘火速送往医院。

俗话说，人家打我三日羞，我打人家三日忧。赵某、曹某回到家里，自然受到老婆数落，也知道打人是要赔钱的，也不免失落和懊恼。他们担心这事的深浅,又担心对方敲诈,主要是担心赔钱。两人都是打工一族,挣的都是辛苦钱,赔出去终究肉痛。

调处过程及结果:接到报案后,民警多次调解双方矛盾,但都没有一点进展。原因是一方心疼钱,另一方负气,索赔偏高。

民警把案件移送到镇调委会。调解员立即受理此案,并及时与双方沟通联络。但是赵某在事发后更换了手机号码,暂时联系不上。调解员就向办案民警了解老板娘孙某的伤情及就医费用等情况,知道孙某的伤情不是很严重,已经伤愈出院,掌握了案件的基本情况。

镇调委会很清楚,只有找到赵某,才能开展工作。经多方打探了解,才知道赵某已去上海打工。功夫不负有心人,镇调委会终于联系上了赵某。但是,他以无钱支付医药费为由,迟迟不来调解,事实上就是回避调解,拒绝调解。

调解员以对群众负责到底的信念,以不放弃、不推诿的工作精神,在长达半年的时间里,反复多次与赵某、曹某说理沟通。跟他们讲清楚,回避只能使事情更糟,男子汉就得为自己的行为负责,并借此吸取教训,不再生事。同时也打消了他们对对方无限敲诈的担忧。

另外,调解员也做好老板娘孙某的工作,认为孙某经营公共娱乐场所,应该建立处理突发情况的应急机制,以维护卡拉 OK 厅内的良好秩序,防止突发情况发生后事态扩大,造成严重后果。同时,劝说孙某要实事求是地提出赔偿,不要漫天要价,对方是打工一族,挣钱也不容易。

调解员不打无准备之仗。在做好了双方的思想工作之后,2017 年 4 月 10 日,赵某、曹某主动到镇调委会接受调解。两人认识到自己的错误,向孙某赔礼道歉。调解员在听取了双方对赔偿的意见后,提出了调解方案:赵某、曹某共赔偿孙某医药费用21000 元,其中赵某承担 15000 元,曹某承担 6000 元,三人表示同意，并在调解协议书上签了字，赵某、曹某当场兑现了赔偿款，真正做到案结事了。就这样，赵某和曹某卸下了久压心头的烦恼和负担，也从这次事件中吸取了教训。

案例点评：这起人身伤害案调解难度比较大，在民警无法调解的情况下，镇调委会受理了此案。镇调委会工作人员以高度负责的精神和极大的耐心，不厌其烦地做当事人双方的思想工作，终于使双方接受了调解，并在调解协议书上签字，兑现了协议内容。这一人身伤害案件，本来可以进入司法程序，之所以没有进入司法程序，主要是枫桥镇的调解已经深入人心，在枫桥不管发生什么矛盾纠纷，基本都可以通过调解得以化解。这就是调解的威力。

⑦

横祸飞来遭伤害　肋骨三根被打伤

案例介绍：枫桥镇Ａ村与Ｂ村相距不远。2016年9月21日，Ａ村村民阮某一早开车去Ｂ村办事。阮某将车子开进一条简易大路，因路上杂乱堆放着沙石和拆下的废旧橡子木头，致使车子难以通过。阮某火急火燎地赶着办事，见车子受阻，只得下车，一边破口怒骂，一边伸手搬动木头。原来，这里路旁是Ｂ村村民蔡某正在施工的工地。

蔡某正在工地上忙着，闻声见状，认得是外村人，随口回应道："这里牛都好跑呢，况且又不是公路，你得悠着点，逞什么强？"他边说边伸手来抓橡子。这橡子就是粗木棍，是打人的利器，又近在咫尺，阮某又正在气头上，以为蔡某是来打他。好汉不吃眼前亏，阮某随手将蔡某奋力一推，蔡某仰面倒地。蔡某恼羞成怒，赶忙爬起来，这下真的抢起木棍向阮某打去。阮某年轻力壮，身段灵活，随即侧身躲过，并迅速将蔡某掀翻在地。这时，阮某已失去理智、不计后果，竟抢起拳头朝蔡某的肋部就是狠狠三拳。只听得蔡某"啊！啊！"连声惨叫，不能动弹。阮某见状，说着"别装死！"就迅即跨上车子，从斜刺里夺路而去。

蔡某的家人和伙伴马上围拢来，将蔡某送进医院。经医生诊断，蔡某一根肋骨骨折，两根骨裂，住院治疗并休养多日，花费不少，延误工作。经诸暨市公安局法医鉴定，蔡某属于轻伤。对他来说，这是意外横祸，自然要求阮某赔偿损失。一场伤害纠纷就此造成。

调处过程及结果：蔡某和阮某先后来到镇调委会，要求调解。镇调委会受理了此案，分别与双方沟通。但双方当事人都坚持自己的理由，话说不到一块。阮某的说法是："第一，蔡某乱堆杂物，影响村容村貌，妨碍行人通过，才引发事端；第二，蔡某先抄木棍打人，我是正当防卫；第三，我到B村就是客人，一点小事就让我蒙受损失，我也是受害者，所以我不承担赔偿。"蔡某说："我只是把橼子拿掉，根本不想打他，也没有打他。他态度蛮横，打人致伤，于法于理，都应赔偿。"蔡某还就赔偿开出了高价。

调解似乎走入了死胡同。但镇调委会的调解员个个都是调解高手。调解员了解到，阮某和蔡某在地方上都有广泛的人脉，双方都重面子、重人情。于是，调解员利用自己和镇调委会的影响力，动用大量外围力量及一些当地知名人士来做阮、蔡之间的疏导协调和说服工作。调解这场纠纷竟成了许多地方人士共同的事情。当然，这一做法也起到了事半功倍的效果，双方的诉求、观点逐渐接近。

2016年11月18日，阮某、蔡某都来到镇调委会。由于事先做好了双方当事人的工作，当调解员提出调解方案时，双方都表示同意，并在协议书上签字。阮某当场兑现了给蔡某的伤害损失费4.7万元。这次调解不仅消除了后患，解除了心理隐忧，还使双方和好如初。

案例点评：这是一件伤害纠纷案，当事人双方没有通过司法途径解决，而是要求镇调委会进行调解，在双方各持己见、调解陷于僵局时，调解员依然坚持调解优先原则，巧妙地借助社会力量来做双方的疏导协调工作，终于使纠纷得以妥善解决。"枫桥经验"是一个典型的基层治理经验，其核心是党政机关以民众为主体，走群众路线，多做当事人的协调调解工作，尽可能通过人性化的、以协商调解为主的办法化解矛盾，实现定纷止争，求得社会和谐平安。

⑧

儿子在校受伤害　家长气愤想报复

案例介绍：2016年10月20日，枫桥镇某中学的同学们正在进行课外活动。一群女同学正在打篮球，许多苗条的身影在奔跑、跳跃，嬉笑呼喝之声在空中激荡。张某在近旁专注地看着，不提防同学宋某走到身边，在他鞋子上用力踩了一下并调侃道："看什么看！害上相思病可没药医。"张某在这公众场合不堪受辱，就用力推了宋某一把。宋某一个趔趄，险些跌倒。他绷紧了脸，待站稳以后，二话没说，伸手就是一拳，正好打在张某的嘴巴上。只见张某的脸上鲜血直流。原来，张某的嘴唇被打开裂，门牙也被打掉一颗。他恼羞成怒，扑上去，非与宋某拼了不可。

周围众同学合力拉劝，并马上报告班主任老师，张某被送去枫桥医院治疗。

班主任老师了解了现场情况，对宋某做了批评教育，就把情况向校长做了汇报，并赶去医院看望张某。校长考虑到教师教务繁忙，没时间也不适合做后续的调解工作，就向镇调委会求助。

调处过程及结果： 镇调委会的调解人员处理矛盾和纠纷，可谓驾轻就熟、得心应手，这源于他们长年累月积累的基本功，源于业务自信和政治觉悟。调解员意识到，对于这起学生伤害案，当务之急是安抚好双方家长、稳定事态，防止发生"二次伤害"，避免事态进一步复杂化。于是，调解员在百忙中抽空赶到张某家，一是通报情况，二是安抚家长。

张某的父母接到儿子电话，知道儿子竟被打落门牙，又急又气。张母对张父说："门牙被打掉，面相都破了，还不快去学校，找对方算账，至少给学校一些压力。"张父说："哪个野种这么撒泼，竟无缘无故欺侮我儿子，非得叫他尝尝味道不可！"两人正在气呼呼中，却见调解员登上门来。

调解员向他们通报了情况，接着劝说道："你们放心，一定会对宋某进行批评教育，并让他的家长依法按规定就伤害做出补偿。你们可以去医院看望儿子，但现在没有必要去学校。如果你们找宋某报复，有理也就变成了无理，是极不明智的。况且对方也有父母，双方都有亲戚朋友，这冤冤相报何时了？政府也绝不容许你们这样做。"经调解员苦口婆心、语重心长地反复劝解，张父张母觉得调解员说得句句在理，终于冷静下来。

随后，调解员劝导宋某、张某按时到校上课，并就补偿问题与双方家长沟通协商，双方终于愿意接受调解。2016年12月20日，双方家长面对面在镇调委会进行协调，在调解员耐心的斡旋下，终于达成一致意见，由宋某的家长一次性赔偿张某医药费、陪护费及整容费共计 7800 元，并当场兑现。双方家长握手言和，承诺做好孩子的教育工作。

案例点评：在这一起学生伤害案的调解过程中，调解员没有急于进行调解，而是首先通过做细致耐心的思想工作，消除受害学生家长的报复性情绪，不让事态扩大。之后就赔偿问题与双方家长沟通协商，终于达成一致意见，顺利地化解了矛盾纠纷。这一案例启示我们，调解不仅要依法依规，还要讲究调解的技巧。如果不讲究调解技巧，即使出发点是好的，也往往事与愿违，甚至会成为矛盾纠纷加剧的诱因。

⑨

拨开疑虑见实情　依法调处解矛盾

案例介绍：枫桥镇某村村民应某和杨某因公共卫生方面的琐事发生争执。杨某趁应某不备，拿石头砸了应某后脑部，造成应某后脑出血，应某当即被送往镇医院治疗。镇调委会知情后，迅速赶往医院了解情况。经查实得知应某头部有 6 厘米左右伤口，已花去医疗费 1200 元，应某提出要杨某支付医疗费、误工费、营养费等全部费用 3500 元，否则就召集亲友去报复杨某。

调处过程及结果：镇调委会工作人员一方面注重做应某方的劝说开导工作，以防事态的进一步扩大；另一方面抓紧取证，并找杨某谈话，做通杨某工作。杨某承认应某头部的伤是他所为，并愿意承担部分医药费，但称应某也用石头砸伤了他的头部。镇调委会工作人员又走访了现场目击者进行调查取证，均证实应某头部伤口是杨某所为。在查清事实前提下，调解员把杨某叫到镇调委会向其阐明此案的处理意见。但杨某拿出一份落款时间与应某吵架时差不多的病历发票，说是应某当时也打过他，也致使他受伤，并要求冲抵他打伤应某的医药费。应某知道后，怒气冲天地说："我没打他，他敢诬陷我，那我绝不罢休！"调解员也产生了怀疑，于是，到杨某工作的厂里了解情况，原来杨某在跟应某吵架的那段时间，正好与厂里一个人开玩笑被人砸伤了自己的头。真相终于大白。调解员立即做杨某工作，同他讲法律、讲道理；另外，调解员又同该村的村干部去医院做应某的工作，最后双方达成调解协议：由杨某一次性赔偿给应某医药费、误工费等费用共计 3500 元。一场人身伤害案从案发到签订调解协议并兑现，共一周时间，本已圆满解决，但协议签订后，杨某的家庭成员想不通，整天凭空刁骂。为防生变，调解员对当事人进行了上门回访，继续做好双方当事人的思想工作。

案例点评：该案调处，一是快字当头，提前介入，这是避免矛盾激化的关键。二是工作细致。调解工作初期，一方当事人向调解员提供虚假情况，设置调解障碍，给调解造成了一定困难。调解员通过深入群众和有关单位细致调查，及时掌握了事实真相。三是及时回访，巩固调解成果，防止出现反复。四是村干部积极配合做双方当事人的思想工作，镇村联动，将矛盾纠纷化解在基层，避免了事态扩大。

枫桥

经验

之人民调解案例故事

①

施工不慎惹祸端　民宅震裂理应赔

案例介绍： 杨老师是年已 86 岁的退休老干部，是村里有名的正直、热心公益事业的人。这几年镇政府响应"建设美丽新农村"和"五水共治"的号召，在各个村开展了污水整治改造工程。2016 年，污水整治改造工程发包给某个施工队，该施工方在铺设污水管时，未引起注意和采取防范措施，致使挖掘机的震动对杨老师家的平房沙墙造成了破坏，导致房子墙体开裂。杨老师找到镇信访办上访，要求解决此事。

调处过程及结果： 接访人员听了杨老师的投诉后，及时联系司法调解员对接解决此事。调解员下村实地踏勘了杨老师所反映的房子开裂现场，评估损坏程度和大致的维修费用。第二天，调解员联系杨老师、杨老师所在村的村主任、驻村指导员，和污水工程建设的承包负责人，大家在调解室讨论解决杨老师房屋开裂的问题。

《中华人民共和国民法总则》第三条规定："民事主体的人身权利、财产权利以及其他合法权益受法律保护，任何组织或者个人不得侵犯。"第一百一十三条规定："民事主体的财产权利受法律平等保护。"第一百二十条规定："民事权益受到侵害的，被侵权人有权请求侵权人承担侵权责任。"《中华人民共和国侵权责任法》第十九条规定："侵害他人财产的，财产损失按照损失发生时的市场价格或者其他方式计算。"上述有关法律规定，是调解本案的主要依据。本案的工程队在施工过程中，由于未采取有效防范措施，造成杨老师家住宅墙体开裂，损害了杨老师的合法财产权，根据法律的规定，应当承担侵权责任。

调解员首先听取了杨老师请求补偿的具体要求。杨老师说补偿多少并不重要，关键是要让施工方明白工程施工时应注意各方利益，文明施工，杜绝蛮干。施工方表示虚心接受杨老师批评，并请调解员提出一个合理补偿数额。最后在调解员的沟通调和下，施工方一次性补偿给杨老师房屋修理费 6000 元。双方当事人自愿达成协议，并当场兑现，化干戈为玉帛，握手言和。

案例点评：在新农村建设中，由于疏忽或其他原因，对老百姓的生产和生活造成影响和损害的事情多有发生，预防和及时发现问题，解决纠纷，让老百姓感受到新农村建设带给他们的幸福感，是调解工作的重要内容和着力点。在这场矛盾纠纷中，调解员了解到杨老师上访的主要目的是维护自己的合法权益，并不是索要高额的房屋损害补偿款，其诉求合法、合情、合理，应予以支持。工程队不但是建设者，同时还是社会文明的维护者，在施工中摆正位置，维护群众的合法权益，采取有效措施、文明施工是应尽的义务。调解员弄清了矛盾产生的原因，分清是非，从而很快地解决了问题。

②

离异夫妻起纠纷　摸清实情做了结

案例介绍：孟某和汤某系离异夫妻，离异后未经登记又住到了一起。两人有一个婚育儿子已到成家年龄。孟某系某私企的科技人员，年薪比较高；汤某是居家女人，平时给孟某干些烧饭洗衣等家务活。双方现因琐事又产生纠纷，矛盾不断。据孟某反映，汤某经常到他的工作单位大吵大闹，不但影响了他的正常工作，而且造成较坏影响。孟某找到镇调委会，请求对他的事进行调解。

调处过程及结果：调解员受理了这起纠纷案后，首先对双方当事人的诉求进行了解。孟某要求汤某搬离他的住处，不得再到单位纠缠他。汤某表面上同意和孟某分开，答应从此不去孟某的单位吵闹，但坚持孟某必须补偿她离婚后两人同居期间的多项损失费。她说照顾了孟某饮食起居两年，若现在分开，起码得让孟某补偿她劳务费15万元。如果这两年他们不在一起的话，她可以去打工，同样能赚到这笔钱。孟某不同意补偿汤某15万元。双方当事人当着调解员的面对骂起来，尤其是汤某情绪激动，声泪俱下，指责孟某狼心狗肺。

调解陷入了僵局。调解员因势利导，让双方当事人先静坐片刻，平稳情绪，并引导双方回忆一下结婚前后的恩爱时光，以及离异后又住到一起的感情因素。调解员说，你们有一个共同抚养长大的儿子，凝结着你们双方的感情。天下所有的子女都希望父母能愉快生活，你们这样吵闹不断，让孩子何以心安？调解员还把孟某单位的领导请来参与调解，领导分别对孟某和汤某进行耐心劝说。

孟某和汤某离异后未经登记又同居，不受法律保护，离异后双方也不存在财产纠葛。汤某要求孟某补偿她15万元，没有法律依据，只能通过调解，双方都做出让步，方能化解纠纷。

在调解员和孟某领导苦口婆心的劝说下，汤某明白"强扭的瓜不甜"，感情这种事来不得半点勉强，只有理智地处理，好聚好散才是正道。最后汤某提出让孟某补偿她10万元，承诺再也不到孟某工作单位纠缠孟某，从此双方各自生活，互不干扰。孟某为了息事宁人，同意了汤某的要求。

协议达成后，孟某通过网上银行支付给汤某 10 万元，以支付页面截屏资料为凭。本次纠纷在双方签字后一次性了结，双方承诺不以任何理由反悔和引发争端。

案例点评：随着社会的进步和观念的更新，夫妻离异现象司空见惯，但像这对夫妻离异后住到一起又产生新的纠纷的情况并不多见。从根源上分析，这个案例的实质还是经济利益的矛盾冲突，抓住问题的实质，才能使矛盾迎刃而解。调解员通过分析找准矛盾的根源，对症下药，并借助外力，多管齐下，使调解工作收到实效。

③

小工干活遭意外　五天调解了后事

案例介绍：枫桥镇某村村民李某年届 52，平日里以帮人做小工为生。2017 年 5 月的一天，李某应同村陈某和泥水工边某的邀请去邻镇低保户洪某家修理坟墓。陈某是低保户洪某的妹夫。李某在帮洪某家做小工的第二天，在干活中突然意外摔倒，经医院抢救无效死亡。事件发生后，洪某所在镇的派出所、镇政府领导及派出所调解员詹某随即赶到枫桥镇政府，与枫桥镇政法委蔡书记一起来到镇调委会，与调解员商讨此案该如何尽快调解解决。

调处过程及结果：调解人员认真听取了事情的前因后果，特意打电话到双方当事人的村里了解了双方当事人的家境情况。李某家里有患精神疾病的妻子，妻子需要常年吃药和有人照看，还有一个刚走上工作岗位的职高毕业的女儿，家庭负担较重。由于双方家庭都有智力障碍的成员，双方家庭的经济状况又都很困难，调解员觉得，调解这次意外死亡案件困难重重。调解员召集双方当事人的家属来到镇调委会后，双方都希望能够妥善解决这次意外死亡案件。

调解开始后，调解员老杨解释了意外死亡赔偿数额的计算方法，之后受害方的亲戚提出要洪家补偿70万元。洪某妹夫陈某立即回复说不可能。调解员对陈某说："从人道主义和法律的角度来说，洪某家有责任给李某家属一定的经济补偿。"陈某表示愿意拿出两万元丧葬费给李某家属。李某的家属一听这个数字，随即站起来狠狠地说："两万元还是喂狗好！"第一次调解不欢而散。

第二天，李某家属再一次来到镇调委会请求调解。双方当事人、所在地乡镇干部和调解员又坐到了一起。经过调解员做工作，陈某说洪某确实没有钱，他作为妹夫愿意拿出5万元来补偿李某家属。但李某的家属当即表示不同意，调解陷入僵局。李某家有个亲戚突然对着调解员老毛大骂，说道："我们知道你们调解了很多案子，都能得到圆满解决，为什么我们的事你们调解不好，没有达到我们所要求的结果！"调解员耐心解释说："对方家境不好，要达到你们要求的补偿金额肯定有难度。"这时，李某的女儿突然躺在地上号啕大哭起来，要洪某还他死去的爸爸。面对这种场面，调解员娟子耐心劝说李某的女儿不能这样闹，调解要有个过程，请你们相信调解员，事情总会解决的。陈某说："我们不想调解，让李某他们打官司去。"第二次调解也没有成功。

第三天，李某的表兄心平气和地来到镇调委会，希望调解员帮忙继续调解此案。经过调解员做思想工作，和双方人员协商，陈某愿意补偿李某家属8万元，边某愿意从人道主义出发补偿李某家属1万元。眼看协议就要达成，这时李某表兄接到一个亲戚电话后说，这点补偿款还是不行。第三次调解仍告失败。

第四天，陈某家属没有来镇调委会，李某家属和调解员通过电话希望第二天大家再坐下来好好协调下。第五天，调解员分别给双方当事人做细致的思想工作，劝双方的家属和亲戚都换位思考，考虑两家的现实情况，最后双方当事人达成一致协议：陈某、洪某及边某一次性补偿李某家属 12 万元，并当场兑现。双方最后握手言和，立此存照。

案例点评： 这是一起因工作中意外死亡引起的纠纷，不存在谁有过错。由于双方当事人的家庭情况极为相似，经济状况都比较困难，加上受害一方家属的情绪相当激动和焦躁，给调解工作带来了一定的难度。但是，调解员不忘自己的职责，以自己的耐心、热心和诚心，将这件棘手的案件调解成功。

调解结束后的第三天，调解员回访了李某的女儿，劝说她尽快从丧父的悲痛中走出来。调解员娟子还给了她一张心理咨询师朋友的名片，嘱咐她有需要时，可以通过电话同这位心理咨询老师交流沟通。

④

工地上不慎受伤　调解员及时解忧

案例介绍： 老楼在杨总承包的工地上做小工，做到第二天的时候，不幸被工地上突然落下的瓦片砸伤，工友当即把老楼送到医院治疗。老楼住院治疗期间，共花费医药费 6500 元。出院的第二天老楼就找到司法所，请求调解员就他在杨总承包的工地上受伤，需要杨总补偿他医药费的事宜进行调解。

调处过程及结果：调解员接到老楼调解申请后，马上与杨总取得联系，转达了老楼的补偿意向。可是杨总却回复调解员说，他不想调解，就把电话挂了。调解员让老楼先回家。之后，调解员亲自登门拜访杨总，询问杨总一口回绝调解的理由。杨总说："老楼出事的那天，现场瓦片意外砸下导致包括老楼在内的三名工人受伤。三个人的医药费，我都分别支付过一些，到现在工程款还没有结清，所以经济上还没有能力补偿他们。"调解员了解到杨总的实际困难后，就如实把这一信息反馈给老楼，希望老楼再等些时日。过了几天，老楼再一次找到调解员，希望调解员与杨总沟通，让杨总先给他一部分补偿款，因为他经济拮据，生活急着用钱。调解员就与杨总取得了联系，杨总这次同意调解，但在调解补偿的数目上双方有很大分歧。2017 年 5 月 27 日，调解员第三次调解，杨总和老楼双方当事人终于在调解员的协调下，自愿达成一致协议内容，并当场兑现，履行调解内容，杨总和老楼在融洽欢快的气氛中握手言和。此时，恰巧绍兴电视台记者来镇调委会采访，就把调解成功后杨总和老楼握手言和的瞬间拍了下来。

案例点评：这是一件通过非诉讼方式调解成功的案例。老楼与承包工程负责人杨总在产生医疗费赔偿的问题后，没有通过诉讼方式，而是通过调解来解决。在调解人员的主持、沟通和协调下，达成了和解协议，并当场兑现协议内容。枫桥镇已经建立了基层矛盾多元化的纠纷解决机制，而人民调解作为化解矛盾纠纷的一种机制，在维护社会和谐稳定的大局中发挥着越来越大的作用。

⑤

修厂房意外死亡 索赔偿依法调处

案例介绍： 楼某在枫桥镇上开了一家纺织厂，厂房三楼外檐落水管的接头年久老化破损，需要更换。2016年7月3日，某村50多岁的村民周某，应约来到楼某的厂房进行水管施工作业。由于工作量不大，周某搭了个简易脚手架，独自一人开始作业。周某爬上脚手架的顶端，在安装水管的接头时，发生了意外。他不慎从高处跌落地面，随即被送往诸暨市人民医院，经抢救无效，确定死亡。

这是一起意外事故死亡案。周某是一位技工，能打工挣钱，收入不菲，是家里的收入来源。周某的儿子获悉父亲意外死亡，悲痛不已，但人死不能复生，只能节哀顺变。周某的儿子向楼某提出赔偿，遭到拒绝。周某的儿子知道镇调委会能为群众排忧解难，就急匆匆赶来，要求镇调委会帮忙解决父亲的赔偿问题。

调处过程及结果： 镇调委会受理了周某意外事故死亡赔偿案。调解员首先了解案情以及双方的意愿和心态。楼某认为，周某作为一个技工，从业已有年头，应该知道登高作业有一定危险，应格外小心谨慎，不能大意，何况脚手架也是他自己搭成的，这次出意外，完全是他自己作业不慎所致，并非任何外力造成。他的死亡，楼某认为自己没有责任，最多只能从人道主义出发，给予一点象征性补偿。而周某的儿子则坚持，父亲是为楼某干活而死，死在楼某厂里，楼某应负完全赔偿责任。

　　此案的关键是赔偿，所以矛盾的主要方面是赔偿方楼某。镇调委会的调解人员中不乏调解工作的老手、高手，有的有多年调解经验，有的熟谙法律和政策。调解员先与双方当事人分别接触，向楼某亮明了《中华人民共和国劳动法》等有关人身意外伤亡的法律法规，强调赔偿是绝不能回避的，回避于事无补，至于赔偿额度也都是有依据的。对于周某的儿子，调解员说明这是民事案件，非刑事案件，向他讲解了赔偿所依据的法律法规，一不能胡来，二不能漫天要价，双方当事人与镇调委会都要依法办事。调解员邀请双方当事人所在村的村干部、双方当事人及亲属于 2016 年 7 月 23 日到镇调委会。调解员从法、理、情、利等多方面对双方当事人进行教育疏导，实际上是恩威并施、刚柔相济。例如调解员强调，此案顺利达成调解，无论对双方当事人，对地方，都是有利的。因为久拖不解决，或付诸诉讼，只会增加各方负担，得不偿失。大家应该相信，镇调委会是不偏不倚、依法办事的，是为双方当事人利益考虑的。镇调委会根据相关法规，计算出赔偿额度。调解员讲得有根有据、入情入理、语重心长，让在场的人心悦诚服，也让楼某、周某双方的观点逐渐向同一个点靠拢。最后，双方当事人及镇村干部均达成一致方案，楼某对周某意外事故死亡的一次性赔偿，分两次支付周某家属 68 万元，并在调解协议书上签字。就这样，镇调委会及时化解了一场地方纠纷，避免了事态的升级和扩大。

　　案例点评：该赔偿纠纷案，一方是纺织厂的老板楼某，一方是为楼某打工的周某。这起纠纷的成功化解，主要有两方面的原因。其一，在调解的整个过程中，坚持依法调解的理念，突出法律在化解纠纷中的主导作用。调解员引导双方当事人依据有关法律法规来解决纠纷，阐明作为雇主的楼某应该依法履行的赔偿责任，对周某的儿子讲解了赔偿所依据的法律法规，教育其不能漫天要价。其二，调解员在依法进行调解的同时，对双方当事人及其亲属进行入情入理的教育和疏导，做细致的思想工作。加上调解员在调解中不偏不倚，依法办事，最终使这起赔偿纠纷案得以圆满解决。

⑥

打伤人负气出走　经劝说幡然醒悟

案例介绍：从 2016 年开始，枫桥镇某村村民何某运营着一辆枫桥至诸暨的线路车，他聘请店口镇某村民边某作为该车驾驶员。枫桥至诸暨的线路比较繁忙，共有 30 辆班车，驾驶员每天要开好几个来回，这工资倒好说，全线路约定俗成。俗话说"十包九不尽"，譬如奖金以及逢年过节的福利能发多少，那就全看经营人的客气，没有谁来规定应该发多少。

照理边某为何某打工，何某承付其工资，这顺理成章，没什么问题。但是在何某的心中，边某开车是"吃官饭打官鼓"，对车辆的爱惜和维护根本就没有放在心上，而且还经常迟到，擅自更改车次。所以，何某除了支付边某工资外，其余奖金、福利一律能免则免。边某自然知道，同行们多多少少都享有额外的"红包"，便觉得何某小气吝啬，心生怨怼。这就埋下了矛盾的种子。如果就和谐社会的理想状态来说，边某应该敬业自律，像爱护自己的身心那样爱护车辆，这不仅是对经营者负责，也是对乘客负责；而何某应该像对待亲人那样对待边某，对其宽容和大度。要是双方都这样行事，大家都皆大欢喜，何来纠纷？

2016 年 2 月 25 日，边某因为办了点私事，又迟到了，并且少开了一趟班车。何某闻讯赶到枫桥镇该班车停靠处，在众人面前气呼呼地质问边某。边某不甘示弱，也恶语相向，继而引发双方扭打。边某年轻气盛，何某哪是对手，竟被边某打翻在地。这一打，双方都蒙受了损失：边某负气出走，不能再开何某的车；何某负伤住院，经营的车子停了好几天，才雇到驾驶员。

其后，何某经诸暨市公安局法医鉴定，属于轻伤，他自然不肯就此罢休。先是请民警调解，但涉及赔钱的问题，因双方对赔偿数额的分歧过大，调解无果，案卷被移送到镇调委会。

调处过程及结果：镇调委会受理后，当即与边某、何某双方联系。由于边某外出联系不到，镇调委会随即与店口镇政府和派出所联系，通过他们的协助，找到了边某的兄弟，向他说明了法律的有关责任及程序，希望他通知哥哥，劝其主动到派出所投案，并积极主动地向受害人赔礼道歉，争取受害人的谅解，达到刑事和解的理想结果，这是边某的最佳选择。因为案子客观存在，不能回避，拖延只能让事情越来越复杂。

通过镇调委会的不懈努力，反复做双方的思想工作，经几个月联络沟通之后，终于让边某幡然醒悟。边某于2016年5月6日，来到镇调委会接受调解。双方都能以诚相待，息事宁人。边某出具了书面认错书，并一次性兑现了何某的医疗费、误工费等费用共计人民币35500元。何某在接受道歉及赔偿后，也出具谅解书自愿放弃追究边某的一切有关责任。真正做到案结事了，双方握手言和。

案例点评：这是一起因打架致人轻伤引起的赔偿案，何某没有通过司法途径而选择了调解方式。案件的矛盾主要方面是造成何某轻伤的边某。我们常说，牵牛要牵牛鼻子，调解矛盾纠纷也是如此。有经验的调解人员首先从矛盾的主要方面即做边某的工作入手，向边某讲明他应负的法律责任，希望他主动投案，向受害人赔礼道歉，争取受害人的谅解。在调解人员耐心地反复教育劝导下，边某幡然醒悟，最终双方接受调解，使这起拖了几个月的赔偿案得以调处成功。

枫桥
经验

之人民调解案例故事

①

别愁工资拿不到　联合调解来解决

案例介绍：2016 年暑假快结束时，枫桥镇人社所的工作人员小魏带了小胡、小张两个外来务工人员到镇调委会办公室，希望镇调委会和人社所一起帮小胡、小张解决他们与私营企业主的劳资纠纷问题。这到底是怎么一回事呢？

原来小胡、小张是从外地来诸暨打工，在枫桥一家私营企业干了不到一个月，考虑到暑假快结束了，两个人都要带自己的子女回老家上学，所以想辞职结算工资回家。不料他们找到企业主陈某后，陈某没有答应他们结算工资的要求。理由是，按他们厂里规定，当月工资要到下个月才能发。小胡和小张因为没能领到工资，就跟陈某争吵了起来，双方还互相推搡，闹得不欢而散。

第二天，小胡和小张找到枫桥镇人社所，请求镇人社所帮忙解决纠纷，帮他们拿到工资。镇人社所工作人员听了小胡和小张反映的情况后，立马电话联系了当事人陈某。陈某回答说小胡和小张劳动合同也没有签，而且他们只工作了一个月，按规定厂里工资都要等到下个月才发，对发给他们工资的要求一口拒绝。但小胡和小张很是着急，非要拿走工资不可，他们还指望用这一个月工资作为车费和孩子学费呢。

调处过程及结果：调解员弄清了事情的来龙去脉后，决定邀请与企业主陈某有业务往来的杨总协助调解这次劳资纠纷，杨总二话没说就爽快地答应了。盛夏酷暑，调解员、杨总、人社所工作人员、小胡和小张一行人顶着烈日来到了陈某厂里。陈某一看阵势即知大家来意，但仍然坚持要等到下个月才能给他们发工资。

《中华人民共和国劳动法》第五十条规定："工资应当以货币形式按月支付给劳动者本人。不得克扣或者无故拖欠劳动者的工资。"切实维护农民工合法权益，多措并举，积极有效地做好农民工工资的处置工作，保持社会和谐稳定，是全社会的责任。为了使小张和小胡能够及时拿到工资，调解员耐心地做陈某的思想工作："将心比心，他们要带孩子回老家读书也是实际情况。我们换位思考一下，从人道主义出发，给人方便也就是给自己方便。"人社所的工作人员依法调解说："虽然你们之间没有签劳动合同，但事实劳动关系还是成立的，按时发放劳动薪酬是用人单位的法定义务，不发工资是违反《劳动法》的。这么热的天，大家没必要吵架上火，互相体谅一下，都退一步，将事情妥善解决。"坐在一旁的杨总这时也趁热打铁对陈某说："为了区区6000元钱，弄得路人皆知，有失企业人的身份。要不这钱我帮你付掉好了。"听了大家的一番劝说，陈某再没有拖延，立马对大家说："好了，听大家的，我今天就给他们付清工资。"

调解员和人社所同志根据双方调解意见，现场写了份关于陈某与小胡、小张劳动工资支付的调解协议，并当场兑现。案结事了，大家握手言和，皆大欢喜。

案例点评：既然有劳动付出，获得经济回报亦是理所当然。但社会是复杂的，各种矛盾纠纷都可能出现，拖欠农民工工资现象已成为社会恶瘤，屡禁不止。遇到这种情况，要调配精干力量，及时接访，及时核实投诉信息，及时化解矛盾，及时回复，尽快平息事态，防止矛盾激化，将问题妥善控制在萌芽状态。调解员面对矛盾纠纷，既要敢于旗帜鲜明地亮明观点，明辨是非，又要耐心细致地做好企业主的思想工作，做到合法、合理、合情，把握好化解矛盾的有利时机，把问题解决在萌芽状态、解决在基层。

2018年1月1日起，国家人力资源和社会保障部《拖欠农民工工资"黑名单"管理暂行办法》（以下简称《办法》）正式实施，通过多部门联合惩戒和社会信用体系评价，用人单位"一处违法、处处受限"，以震慑和警示用人单位规范用工行为，让其形成"不敢违法、不愿违法"的自觉守法意识。什么样的情形会被列入"黑名单"？《办法》规定了两种情形：一是克扣、无故拖欠农民工工资报酬，数额达到认定拒不支付劳动报酬犯罪数额标准的；二是因拖欠农民工工资违法行为引发群体性事件、极端事件造成严重不良社会影响的。用人单位被列入"黑名单"，意味着其不仅要受到人社行政部门对其违法行为的行政处理或行政处罚，还要面临列入"黑名单"期间的多部门联合惩戒和社会信用评价降低。用人单位在列入"黑名单"期间，由相关部门在各自职责范围内依法依规实施联合惩戒，在政府资金支持、政府采购、招投标、生产许可、资质审核、融资贷款、市场准入、税收优惠、评优评先等方面予以限制，其社会信誉将会受到贬损评价，直接影响到其生产经营及其他社会活动。

②

劳资纠纷慎处理　偿付工资莫延迟

案例介绍：前几年，枫桥镇上有家房产企业，效益时好时坏，因此，拖欠职工工资的情况时有发生。企业务工者要求企业按照党和国家的有关政策以及双方签订的合同，按时足月发放工资，企业则因资金运转不开等因素难以及时兑现，于是劳资双方因工资发放问题引起的纠纷和事端也就难以避免。

2012年10月下旬的一天，枫桥某房产公司与安徽籍务工者金某发生劳资纠纷。金某向房产公司经理讨要工资，由于一言不合，双方争吵起来。闻讯赶来的房产公司保安随即与金某发生了肢体冲撞，导致金某受伤。金某治伤花去医药费5000多元。

调处过程及结果：事发后，劳资双方不约而同地找到老杨调解中心，寻求纠纷解决的途径。第二天，老杨调解中心就召集双方当事人，依据相关的法律法规，阐述了解决纠纷的意见。调解员对房产公司负责人说，务工者为你们房产公司工作，给他们发放工资天经地义。至于打架，谁打人谁负责。最后，在老杨调解中心的调解沟通下，由房产公司一次性支付给金某工资5万元，赔偿金某医药费、误工费等费用8000元。案结事了。

案例点评：保障外来务工人员的合法权益，创造良好的务工环境，让外来务工者为振兴诸暨经济做出贡献，无疑是当地政府的一项重要工作。积极调处劳资纠纷，为诸暨的经济建设服务，是老杨调解中心责无旁贷的责任。这一劳资纠纷之所以能够顺利调处，是因为调解员运用了相关的法律法规，主持了公平正义，维护了外来务工人员的合法权益，从而促进了社会的和谐稳定。

③

拆旧房不慎受伤　村和镇联手调处

案例介绍：2016年9月3日，枫桥镇某村村民黄某要拆除旧房。工程不大，他将该工作以口头约定的方式，承包给安徽人王某。王某则联系老乡刘某一起拆房。在拆房过程中，不幸发生意外，刘某不慎从旧房梁上跌落地面导致受伤，随即被送进医院救治。

此事涉及房东（发包人）黄某、承包人王某和伤者刘某。事发突然，大家都没有心理准备。房东黄某坚持认为，他是将工作承包给了王某，他跟刘某不认识，况且刘某系自己不小心跌伤，所以刘某的事跟他无关。民工都是以打工度日，如今受伤，不仅不能干活，还得大把大把花医药费治疗，加上人地生疏，举目无亲，其亲属急得团团转。承包人王某本来是想帮刘某赚些钱，现在事情走到了反面，也于心不安。伤者刘某和承包人王某就求助于村支部书记蒋某，希望当地有关部门着手调解处理这起意外事故，让房东黄某能承担起责任。

调处过程及结果： 村支部书记蒋某视外来务工人员如兄弟，同情他们的不幸遭遇，就向枫桥镇调委会报告情况，要求协调处理。枫桥镇调委会受理后，本着对群众认真负责的态度，实地察看现场，掌握事实、了解情况，之后就着手做各方面的工作。对于此案，矛盾的主要集中点是房东黄某，调解员就先从他这里下手。起初，房东黄某听说让他出钱为刘某治疗，怎么也想不通，一口咬定刘某的事不是他造成的，跟他无关，还说刘某出事让他感觉很不吉利，即使不出钱也有损失。调解员就向他反复说明了涉事各方的法律关系和黄某应承担的法律责任，并强调这种法律责任是无法逃避的，就是付诸诉讼也逃避不了，最后从同情心和人道主义的角度对他做了开导。黄某终于认识到案子的全貌和落脚点，有了承付赔偿的心理准备。

2016 年 9 月 26 日，房东黄某、承包人王某和伤者刘某都来到枫桥镇调委会，接受调解。刘某拿出有关医疗材料。镇调委会根据法规，计算出医药费、误工费、陪护费等费用，有根有据，合情合理。最后，镇调委会的调解方案得到三方认同：黄某、王某共同承担刘某的医药费、误工费、陪护费等费用计 4.3 万元，并当场兑现；刘某则保证在接受补偿后，今后所发生的一切费用及责任均与黄某、王某无关，大家都在协议书上签字。一场意外事故纠纷就这样得到顺利解决，外来务工人员的合法权益得到了维护，刘某对镇调委会和调解员表示深深的感谢。

案例点评：这是一起事关外地务工人员的事故纠纷赔偿案。案件之所以能调解成功，主要是因为枫桥镇调委会的调解方法得当。首先，在调查研究掌握事实的基础上，抓住矛盾的主要方面房东黄某做工作；其次，运用法治思维和法律武器，讲清黄某应负的无法逃避的法律责任，使黄某有了承担赔偿的心理准备，这就为解决纠纷扫清了障碍。纠纷的妥善解决维护了外来务工人员的合法权益。

④

打工者手指受伤　厂老板依法赔偿

案例介绍：2017 年 3 月，枫桥镇某汽车配件厂因业务需要向社会招工，安徽籍青年魏某应聘上岗，从事汽车配件制作工作。但是上班没有多少天，到了 3 月 27 日，魏某在上班时，左手小指不小心被机器压伤。

魏某作为外来务工人员，在枫桥人地生疏，原本想来这里赚钱，今受痛楚不说，还得赔上医疗费。万般无奈下，他来到枫桥镇调委会求助，要求工伤赔偿。

客观上魏某对企业没多少贡献不说，还为企业添了乱。要是他能按操作规程作业，要是他能小心谨慎，也许就不至于出此事故。汽车配件厂老板金某本来就忙，现在还得打理魏某的事，真是懊恼不已。

调处过程及结果： 枫桥镇调委会的调解员本着四海皆一家的精神，没有因魏某是外来务工者而一推了之，而是视外来务工人员如兄弟，同情他们的生活甘苦，马上予以受理。受理后，调解员即与某汽车配件厂金老板联系。调解员向金老板说明，魏某在你厂里的岗位上受伤，不管怎么说，于法于理你都得承担责任。应付这类偶然事故的开销，实际上是企业应该承担的正常费用，没有冤枉之说。况且，从人道主义的角度来说，外来员工有困难，老板提供适当救助，也属于分内之事。调解员的话，语重心长，合情合理，让金老板从懊恼转变为同情，这就为顺利调解奠定了思想基础。

而在魏某一方，起初是担心镇调委会不受理，现在镇调委会受理了，却听信了一位老乡的蛊惑。这位老乡对魏某说："你只要鉴定了伤残等级，就能一直享受老板的补贴，而且数目很大。老板事务很多，工作很忙，当然希望每起纠纷能一次性快速了结。"调解员得知这一情况后，又马上做魏某的思想工作，并拿以往的案例作为参照，对魏某进行开导说服，终于让双方的意见统一起来。

经镇调委会调解，职工魏某的医药费2293元由金某全额支付，再由金某一次性补偿魏某误工费、陪护费以及继续治疗费合计1.5万元，当场兑现。魏某接受补偿后，自愿放弃一切后续事宜，承诺从此双方案结事了，互不纠缠。一场工伤事故就此了结。

案例点评： 这是一起工伤事故赔偿案。魏某在金某的汽车配件厂工作。根据《中华人民共和国侵权责任法》第三十四条规定："用人单位的工作人员因执行工作任务造成他人损害的，由用人单位承担侵权责任。"调解员依据有关法律，向金某说明他应承担的法律责任，并从人道主义出发，劝说金某关心外来务工者。同时针对魏某的不切实际的想法，调解员拿以往的案例作为参照，对魏某做了开导说服工作。这些为顺利调解奠定了思想基础，终于使这一起工伤事故赔偿案就此了结。

枫桥
经验

之人民调解案例故事

①

跨省纠纷难调处　视频速调有成效

案例介绍： 枫桥镇某汽配生产公司与福建某公司自 2013 年开始有业务往来，签订了若干份买卖合同。因福建某公司未及时给付货款，枫桥镇这家汽配生产公司将福建某公司及其控制的另外两家公司诉至法院。一审判决后，双方都对判决不服。福建这家公司的杨总想起在诸暨市枫桥镇洽谈业务时，看到墙上宣传写着的"枫桥经验"，于是查询了相关联系方式并致电枫桥司法所，请求对此事进行调解。

调处过程及结果： 枫桥司法所接到杨总电话后，与枫桥镇娟子工作室就此案进行了沟通。

娟子工作室通过电话对双方当事人进行详细调查后发现，因业务时间久远，且账目数量庞大，又实行滚动付款，双方当事人的往来账目不清，举证、质证无法一次完成，需要双方耗费较长时间与精力核对账务才能确认欠款数额，但一方当事人远在福建，采用传统方法调解纠纷需要杨总多次往返、长途奔波。

在征得双方当事人同意后，娟子工作室添加了双方公司法务人员（即代理人）的微信，组织双方通过微信进行网上调解。

调解员先让当事人进行证据交换，引导双方将各自的账目清单发送至对方电子邮箱，提交对方审核，并借助双方公司的专业财务人员，仅用 3 天时间就查清了长达 4 年的业务陈账，找出了双方账面存在差额的原因，接着又利用微信视频，对双方当事人进行调解。

最终，在娟子工作室的协调下，双方当事人达成了一致意见，福建某公司承诺一个月之内付清所有款项。娟子工作室及时制作发送了调解协议书文本，组织双方当事人签字捺印，并对调解过程全程录音录像，刻盘附卷，佐证调解结果出自双方当事人真实意愿，未受欺诈胁迫，合法有效。至此，该案纠纷得到圆满解决。整个过程迅速高效，得到了双方当事人的认可和赞赏。

案例点评：此次跨省经济纠纷案件的解决，得益于枫桥镇镇政府借助微信、电子邮箱、QQ等多种新媒体服务平台，利用互联网构建网上调解室。这种方式能够快速有效地化解纠纷，减轻了当事人的讼累和来回奔波，大大提高了调解效率，这种新颖的调解方法获得了双方当事人的好评。

如今新媒体越来越深入我们的生活，影响着你我他。枫桥镇充分利用现代化科技手段，通过网络办案方式，开启"互联网＋"移动办案、移动办公新模式，实现了精细化、规范化运作，形成了调解执法办案的新平台、新阵地，改变了人民调解的传统手段，体现了"便民利民"的原则。紧紧把握时代脉搏，借助高科技手段远程调解，正体现了枫桥经验与时俱进、开拓创新的精神。

②

官司不用跑法院　网上调解结案子

案例介绍：2016年9月，陈某向诸暨某针织有限公司借款1万元，并写下欠条，承诺于当年10月份还款。但借款到期后，陈某没有按约履行还款义务。诸暨某针织有限公司在多次催讨未果的情况下，于2017年7月7日一纸诉状将陈某告到了诸暨市人民法院。

调处过程及结果：在征得诸暨某针织有限公司的同意后，法院负责诉调对接的陈法官将案件委派给了诸暨市总商会人民调解委员会进行诉前调解。总商会经多次联系陈某无果，将案件退回到了法院。

2017年7月27日，陈法官试着给陈某打了电话，但还是无法接通。陈法官看了看陈某的住所：枫桥镇和平路。于是陈法官通过"法官指导QQ群"向枫桥镇调委会试探性地发了一条信息："枫调委，有一起案件的被申请人陈某在枫桥镇和平路，是否能派人上门去联系一下？""好的。"调委会很爽快地接手了这个"麻烦"。

第二天，调解员杨光照给陈法官回了电话："陈法官，我上门去过了，家中无人。但我在邻居家留了联系地址和联系电话，等等看吧。"陈法官感激地说："好的，谢谢老杨。"

7月31日上午9时许，陈某的父亲陈老先生按照老杨留下的地址找到了调委会。老杨告诉他，是诸暨市人民法院将一起诸暨某针织有限公司起诉他儿子的民间借贷纠纷案委托调委会进行调解。陈老先生一听是儿子的事，内心万分焦急，说他儿子最近没有回家，也联系不上，是否可以由他出面帮儿子还清这笔借款？

天气这么炎热，面对陈老先生急于为儿子还债的迫切心理，怎么有效调解这起借贷纠纷案呢？

这个时候，老杨想起了前些日子法院负责诉调对接的陈法官等人到镇调委会指导在线调解工作的事情，那么，是不是可以借助现代科技，通过网上进行调解呢？

于是老杨拨通了陈法官的电话："喂，是陈法官吗？我是枫桥镇调委会的老杨。现在陈某联系不上，但他的父亲陈老先生愿意为儿子偿还这笔借款，行不行？他人就在调委会。"

陈法官："只要申请人同意就可以。这样，你们调委会给他们调解一下，达成协议的话，可以出具人民调解协议书。"

老杨："陈老先生年纪大，外面天气又那么炎热，能不能通过网上调解呢？"

陈法官："可以，你确定一下调解员，我把案件指派到在线调解平台进行操作。"

老杨："好的，我让蔡娟调解员负责此案。"

很快，陈法官就把这个案件指派到了蔡娟调解员的名下。

蔡娟桌上的手机马上有了信息提示："法院有一起案件委派你进行调解，请你登录调解平台进行查看。"接到信息提示，蔡娟立即进入了平台系统，看到有一起待受理案件。她点击了受理按钮。

老杨把陈老先生带到了娟子工作室。蔡娟热情接待了陈老先生，并告诉他："不要着急，天气热，你年纪也大了，不用来回跑，我可以通过在线调解平台对纠纷进行调解。"

陈老先生将信将疑。蔡娟通过 QQ 与陈法官进行了对接。正好申请人的代理人金某也在法院，陈法官把她叫到了在线调解中心。

上午 11 时 30 分，在陈法官的指导下，网上调解正式开始。一边是娟子和陈老先生，一边是陈法官和代理人金某。调解员蔡娟通过视频向代理人金某转达了陈老先生愿意为儿子偿还这笔借款的意思，但一次性归还有些困难，希望能分期履行。代理人对陈老先生主动承担儿子的债务表示赞赏，对陈老先生面临的实际困难表示同情和谅解，同意分期归还。由于是分期付款，为了确保协议执行到位，调解员蔡娟征询双方当事人是否申请司法确认，双方均表示要求司法确认。蔡娟于是在该平台上建立了司法确认申请，并下载了司法确认申请书，陈老先生和代理人金某在网络的两端核对无误后在司法确认申请书上签字认可，陈法官在该平台上对该案进行了司法确认，协议发生法律效力。蔡娟随后制作了调解笔录和调解协议书，陈老先生看后无异议，即在笔录和调解协议上签字捺印。在网络的另一端，陈法官把蔡娟拟好的调解笔录和调解协议也打印了出来，让代理人金某核对无误后签字。12 时许，双方视频调解结束。

案例点评： 本来需要来回跑几趟才能解决的案子，现在运用现代科技，在"在线调解"这个平台上用半个小时就解决了问题。诸暨枫桥镇人民调解委员娟子工作室打破了传统的纠纷调解模式，利用手机和电脑，通过在线调解平台，大大提高了纠纷解决的工作效率，这是一种思路的创新和工作方法的创新，简捷高效，减少了双方当事人的时间成本和精力成本，体现了人民调解为民、便民、惠民的宗旨。

随着信息技术的迅猛发展，人类正步入电子时代，人们在日常生活和经济往来中正越来越青睐于通过电子数据网络传递信息。《中华人民共和国电子签章条例》第四条规定："经当事人同意，具备下列条件的数据电文具有与书面形式同等的效力：

"（一）有形表现所载内容；

"（二）随时可供打印、复制、传输或其他方式调取查阅。"

第五条规定："如果当事人同意，任何机构或个人不得否认电子签章的效力。法律另有规定的除外。"

第六条规定："满足下列条件的电子签章是安全电子签章，具有与其他形式的签名、签字或盖章同样的效力：

"（一）可以确认使用人身份；

"（二）能够证实该电子签章由使用人独有；

"（三）签署后的电子签章和数据电文不可篡改，否则可被察觉。"

第七条规定："经安全电子签章签署的数据电文具有与原件同等的效力。"

③

欠着货款不肯付　督促分期来支付

案例介绍： 楼某和何某存在业务往来关系，何某尚欠楼某 9 万元的货款未支付。楼某一年中多次催促何某还款，磨破了嘴，跑断了腿，但何某就是欠着不还。2016 年 7 月的一天，经人提醒，楼某一大早找到枫桥镇调委会，请求调解他与何某的欠款纠纷。

调处过程及结果： 调解员接到楼某请求调解的报告后，随即电话联系了何某，了解何某欠款的前因后果。何某来到镇调委会，态度很好，很客气地对调解员和在场的楼某说，他承认还欠楼某 9 万元货款的事实，并表明不是故意欠款不还，而是现在自己办的厂子处于起步阶段，正是用钱的时候，一次性还清欠款确有困难，如果有了钱自然会一次性还清的。调解员经过调查，认为何某企业刚开始走上正轨，一次性还清欠款确实有困难。支持小微实体企业的创业，也是调解工作应有的题中之义。为了妥善解决这件纠纷，调解员提议双方当事人换位思考，设身处地为他人着想，妥善化解矛盾。通过与何某、楼某协商，最终提出一个分期还款的办法，何某、楼某都表示接受。

调解协议内容如下：从 2016 年 7 月起，何某每月支付 1 万元给楼某，共计分 9 个月全部还清。双方当事人在调解协议上签字。按照《中华人民共和国民事诉讼法》规定，调解协议生效以调解书送达为生效条件。当事人达成的调解协议一经签字即视为调解成立，任何一方当事人不得反悔。协议履行完毕后，楼某到镇调委会写一张9万元的收据给何某。何某保管好每月支付1万元的银行票据。双方当事人表示这个办法可行。最后对这种分期付款进行司法确认，圆满解决了生产中的经济矛盾纠纷。

案例点评：市场经济下，借贷款是常事，出现经济纠纷在所难免。借贷双方原先是亲朋好友，或者是抬头不见低头见的熟人，但由于处理不当最终交恶的现象屡见不鲜。本案例中，调解员通过详细了解案情，因地制宜、因时制宜，从实际情况出发，提出司法确认分期付款的办法，不失为一帖良药。调解员每月督促还款，起到监督作用。比起争议双方走民事诉讼程序、上法庭解决争端，这样做不仅节约了宝贵的司法资源，而且有利于人情的维持，显得更温情和有效。从本案可以看出，以调解的方式妥善处理经济纠纷案件，对于化解社会矛盾，快速调节经济关系，预防和减少诉讼，维护社会稳定具有判决结案方式所不可替代的优越性。

枫桥
经验

之人民调解案例故事

①

拆违建节外生枝　调委会雪中送炭

案例介绍：2017 年 1 月 15 日领导接访日，枫桥镇某村的高某情绪激动地向接访人员递交信访信，要求政府解决她因拆违服农药自杀未遂的事。

高某为何服农药自杀？又为何向政府信访申请解决呢？

事情的经过是这样的：高某是嫁到枫桥的外来妇女，性格偏执，做事冲动，往往一意孤行，不计后果。她的兄弟因精神异常与妻子离异后带着两个子女投靠到她家，高某自己还有一位 88 岁的婆婆和一双未成年的儿女，全家共有 8 口人全靠高某的丈夫楼某一人打工挣钱支撑。

为了生计，提高家庭经济收入，高某租了村里三亩田种草莓。草莓种在离公路很远的地方。到了草莓采摘季节，为了管理方便，高某临时在草莓田边搭建了一间简易棚。镇里组织拆违行动，高某在草莓田边搭建的简易棚属于拆违对象。正在动手拆高某的简易棚时，高某闻讯赶来，手里还拿着一瓶液体，对正在拆除简易棚的工作人员高声说道："你们不能拆！再拆，我死给你们看！"还没等工作人员解释清楚，高某就拿起手里的瓶子仰头喝了下去。原来高某喝下的是农药。高某被紧急送往医院抢救。

住院期间，高某花去医疗费 17000 多元，出院后，心里越想越委屈。第二天正好是领导信访接待日，她就带着连夜写好的信来到镇政府信访接待中心，请求政府解决她住院治疗的费用。

虽然在拆违这件事上，政府并没有过错，但镇调委会认为关注民生、重视民生、保障民生、改善民生，是党和政府的神圣职责。在拆除高某的违法建筑时，工作人员没有以人为本，认真地与高某沟通，妥善做好疏导工作，工作方法简单粗暴，导致高某做出极端不理智行为，险些酿成严重后果。

调处过程及结果：信调对接是新形势下"枫桥经验"的创新。镇调委会工作人员受理了这一信访案后，当即把高某夫妻和高某所在村的村干部召集到一起，共同商量解决高某的信访事项。

高某一到镇调委会，就对调解员老毛同志说："毛同志，前几年你曾帮我调解过一件事，我很感激你。"高某所说的是老毛前几年曾帮她调解的一件非常棘手的纠纷，调解员老毛从关心弱势群体利益出发，依法调解，帮高某主持了公道，高某至今仍感激在心。大家一听，感到镇调委会有威信，当事人对镇调委会有好感，这个案子调解成功有望，于是就趁热打铁，顺势展开工作。

强制拆违行为必须依法执行。在《中华人民共和国行政强制法》颁布之前，涉及违法建筑处理及强制拆违的程序规定散见于《中华人民共和国城乡规划法》《中华人民共和国土地管理法》《中华人民共和国行政诉讼法》及相关司法解释中，各地还相继颁布了地方性法规或规章以细化违法建筑的认定、处理和执行问题。如《中华人民共和国城乡规划法》第六十八条规定："城乡规划主管部门作出责令停止建设或者限期拆除的决定后，当事人不停止建设或者逾期不拆除的，建设工程所在地县级以上地方人民政府可以责成有关部门采取查封施工现场、强制拆除等措施。"《中华人民共和国行政强制法》第五条规定："行政强制的设定和实施，应当适当。采用非强制手段可以达到行政管理目的的，不得设定和实施行政强制。"第六条规定："实施行政强制，应当坚持教育与强制相结合。"第八条规定："公民、法人或者其他组织对行政机关实施行政强制，享有陈述权、申辩权；有权依法申请行政复议或者提起行政诉讼；因行政机关违法实施行政强制受到损害的，有权依法要求赔偿。"第十六条规定："违法行为情节显著轻微或者没有明显社会危害的，可以不采取行政强制措施。"

调解开始，调解员首先向高某讲述了有关拆违的法律法规。之后，调解员老毛语重心长地对高某说："拆违是政府号召，是当前的中心工作，每一个村民都要积极配合。有困难可以反映，但不能以暴力抗法。生命只有一次，你以后的人生道路很长，应该好好珍惜。这样做不后悔吗？再不能做这样的蠢事了。"高某说："我当时是心里一急，什么也没想，就犯下了错，事后想想心里也是很后悔的。"高某的丈夫插嘴说："我妻子性格有些偏激，好走极端，遇事往往不思后果，在日常生活中比较冲动。但事情已经发生，希望政府能从我家的实际困难出发，适当给予我们家一些补助。"高某所在村的村干部如实介绍了高某家的经济状况后说："高某家里本来生活负担重，村里虽然早已给他们家办了低保，但这次事件所产生的医药费又成了症结，能否动用社会力量，帮高某家渡过难关？"

经过调解员、镇村干部及有关部门协调，最后从人道主义出发，由相关部门以生活困难名义补助给高某1万元。高某夫妻对政府部门的关心和照顾表示感谢。在场调解人员都真诚地劝高某："冲动不解决问题。以后遇到什么矛盾和困难，遇到解不开的思想疙瘩，要冷静，多与大家沟通，正确对待。你有家庭，有孩子，要为家庭和孩子着想，不能再做出不理智的行为了。"

案例点评：拆违本是一项"民心工程"，好事必须做好。利民惠民是政府一切工作的出发点和落脚点，让群众真正受益，政府才有公信力和感召力，这才是干部的最大政绩。在拆违过程中，对待像草莓棚之类的轻微违建，地方政府如能坚持教育与强制相结合的方针，以人为本，多做教育和思想工作，法、情、理三管齐下，那么拆违就能较顺利进行，避免不愉快的事情发生。

信访是人民群众依据国家有关信访条例法规，向上一级政府部门反映问题的通道，是国家赋予人民群众的民主权利。枫桥镇政府接到本案后，充分利用镇调委会这一平台，通过调解员与政府工作人员的努力，在化解基层矛盾纠纷和解决百姓难题方面，发挥了重要作用，维护了社会的和谐稳定。

②

交通事故遭祸殃　请求调解解忧患

案情介绍：2007 年 11 月的某一天，枫桥镇调委会接到李某申请，请求调解他与何某的交通事故纠纷。

李某和何某系同村村民。2006 年 2 月 12 日早上 7 时许，李某骑自行车去亲戚家送冬笋，当骑到村口弯道时不慎与何某驾驶的小货车发生碰撞，小货车上的铝合金门窗掉下砸到李某头部，致李某当场昏迷。何某在第一时间把李某送到镇医院急救，因时间匆促，当时没顾得上报警，在医院里和李某家人一起陪伴李某。因伤势较重，李某在镇医院住了 16 天后，再转到市医院继续住院治疗 4 天，前后共计花掉医药费 16000 多元。

由于发生交通事故后没有及时报警，也没有保护好事故现场，交警部门无法做出交通事故责任认定。所以这场交通事故纠纷经过多次交涉一直无法得到解决。

调处过程及结果：镇调委会受理交通事故调解申请后，当即召集双方当事人，了解交通事故情况，告知当事人相关的权利、义务，让当事人回忆当时情况，分析事故原因，听取双方当事人的诉求。

《道路交通事故处理程序规定》第十三条规定：发生死亡事

故、伤人事故的，当事人应当保护现场并立即报警；当事人不能自行移动车辆。《中华人民共和国道路交通安全法》第七十六条规定："机动车发生交通事故造成人身伤亡、财产损失的，由保险公司在机动车第三者责任强制保险责任限额范围内予以赔偿。不足的部分，按照下列规定承担赔偿责任：（一）机动车之间发生交通事故的，由有过错的一方承担赔偿责任；双方都有过错的，按照各自过错的比例分担责任。（二）机动车与非机动车驾驶人、行人之间发生交通事故，非机动车驾驶人、行人没有过错的，由机动车一方承担赔偿责任；有证据证明非机动车驾驶人、行人有过错的，根据过错程度适当减轻机动车一方的赔偿责任；机动车一方没有过错的，承担不超过百分之十的赔偿责任。"由于本次交通事故没有及时报警，没有保护好事故现场，致使交警部门无法做出李某和何某在本次交通事故中的责任认定，这给调解工作以及确定交通事故受害者的赔偿造成了很大困难。调解过程中，双方当事人情绪激动，各抒己见，公说公有理，婆说婆有理。调解员从法、理、情不同角度进行调解，耐心地做思想工作。

调解员考虑到，李某平素身体较弱，家庭经济拮据，脑部受伤后生活将更困难，作为交通事故的受害者，应适当倾斜，保护其合法权益。再说双方都是同村人，平时抬头不见低头见，化解矛盾纠纷，使双方今后和睦相处，才是调解的最终目的。

为了达成双方都能接受的赔偿数额，调解员详细介绍了相关的法律法规，根据《中华人民共和国民法通则》的有关规定，讲解交通事故赔偿的计算标准，合理确定当事人应承担的损害赔偿责任，计算损害赔偿的数额。经镇调委会反复细致做双方思想工作，双方当事人最终达成一致意见，签订赔偿协议，何某一次性补偿给李某 38000 元，事了案销，使这场交通纠纷得以圆满解决。

案例点评： 在农村，交通事故是产生纠纷的常见原因。交通事故发生后，交通事故责任认定是处理交通事故的法律依据。所以需要注意的是，事故发生后，当事人应及时报警，请警方介入、区分责任，必要时，受害方应做伤残鉴定。

本案双方当事人都是同村熟人，本案如何解决关系邻里和睦，关系社会安定团结。及时调解，妥善化解此类矛盾，大事化小，小事化了，把矛盾消弭于现场，可见镇、村人民调解大有可为。

枫桥
经验

之人民调解案例故事

①

欠赌债打骂母亲　施帮教改邪归正

案例介绍：2017年暑假的一个晚上，枫桥镇娟子工作室娟子和枫桥派出所红枫义警的负责人正在商讨暑期社会组织机构参加平安巡逻的事。突然，红枫义警的小骆接到红枫义警会员小何的电话，说她的手机店里忽然跑进来一位40多岁的中年妇女，害怕地躲到她的手机柜台底下，紧跟着后面追上来一个年轻人。小何说，她当即问了这两位不速之客，原来是母子俩不知为了何事发生争执，儿子正对母亲实施家暴。

调处过程及结果：接完电话，娟子和红枫义警小骆等人随即赶到小何的手机店，这时枫桥派出所的赵警官也赶到手机店现场了。赵警官和娟子几个人就让这对母子先坐下来说说到底是怎么回事。原来，年轻人小马19岁，是枫桥镇隔壁乡镇的人，初中毕业后在一家五金厂上班，每月工资4500元，本来还每月给家里一两千元，人也很勤快。但他母亲说："小马自从上半年迷上网络赌博后就三天两头问家里拿钱。前不久小马还为此与他老爸吵架并动手了。这次是小马在网上向人家借了7000元，规定明天还钱，据说不还的话会有人找上门来讨要。小马就逼着我拿钱给他，我没有答应，于是他就……"因为母亲没有给小马还赌债的钱，就发生了开头的这一幕。

娟子和赵警官等人听了小马母亲的叙述后，就对坐在一边一直默不作声的小马说："你认为今天这事怎么来解决？"小马态度很生硬地说："让我妈妈借钱帮我还债，以后改邪归正。"

小马母亲说："这次家里实在没钱帮你还赌债！"还对在场的人说："你们派出所为何不打击这种网上借款和赌博行为？还有，希望派出所这次先借我们 7000 元帮我儿子还赌债。"赵警官说："这种网上赌博行为，我们公安局枫桥派出所今年就打击掉两起，也希望你们发现网上赌博及时举报，同时注重家教，自己家里人不要参与网上赌博。"红枫义警小骆也对小马母亲说："你不是在枫桥有个姐姐吗？能否从你姐姐那里先借钱帮你儿子还清债务，我们教育小马今后不再赌博。"娟子严厉地批评小马说："你知不知道，你今天的行为不仅违法，也违背了社会道德。你作为成年人，本应该赡养父母，为父母分忧，你怎么反而这么不懂事，屡次犯错！这次我们帮你想办法，先借你姨妈的钱把赌债还上，但是，你必须写张承诺书，保证每月上交给你父母多少钱。"娟子当场用小马母亲的手机拨通了小马姨妈的电话，解释了小马与母亲之间发生的事情。小马姨妈说："只要小马能通过这次事件吸取教训，痛改前非，那么这 7000 元拿走也不用小马家还。否则，我不帮这个忙。"听了娟子的批评和姨妈的话，刚才还自以为是、态度强硬的小马垂下了头，有了悔改的意思。

时间已是深夜 11 点多，小马对在场的人说："我知道自己错了，感谢赵警官和在座的叔叔阿姨对我的帮助和教育，我明天就回工厂上班。"

第二天，娟子打电话给小马母亲，询问小马的情况，得到的回复是，小马 7 点就去工厂上班了，还主动把可以上网玩游戏的智能手机交给了爸爸。对此小马父母对调解员们表示感谢。

案例点评：现代化的网络在给人们生活带来方便快捷的同时，也催生了网瘾、网上赌博等一系列新问题。面对新纠纷，调解员们除了单枪匹马解决纠纷外，还充分运用"四个平台"多部门联合调处化解矛盾纠纷，这种做法值得大力推广。

②

三年无理"信访"路　调解指引新路径

案例介绍：陈大爷是枫桥镇某村的村民，年届87，患有轻微老年痴呆症。最近3年，陈大爷认定村里有一处年头很久的房产属于他，于是，每月15日诸暨市信访接待日，陈大爷就会准时出现在枫桥信访接待中心，要求镇政府帮他争取到这处房产。过去的3年，信访接待员每次看了陈大爷的信访资料，都感到束手无策，碰到这样的"信访户"，不知道怎么办才好。于是，案件移交到枫桥镇调委会。

调处过程及结果：按照陈大爷的信访要求，如果用常规方法，是无法解开陈大爷心结的，那么枫桥镇调委会是怎样解决的呢？

调解员经过实地调查了解到，原来陈大爷所说的属于他的房产是他年轻时工作过的单位。如今，那家单位已经解体，房产也已经被另一家单位出资购买。了解到这一现状，调解员对此事心里有了底。

调解员先和陈大爷见了面。认真地听取了陈大爷关于房产属于他的理由。陈大爷说："我年轻时就在这个房子里上班，我还有这房子的房产证呢。"说着，陈大爷拿出了房子的房产证，且房产证上确实有陈大爷父亲的名字。但是，那房产证是1954年以前颁发的，是否还有法律效力？为了给陈大爷一个明确的说法，调解员觉得有必要搞清楚这处房产的归属问题，于是去了诸暨房产档案馆，查阅1954年以前诸暨的房产档案。调解员查到，陈大爷所说的那处房产，在 1954 年 3 月以前的确属于陈大爷家。但是，在这之后情况发生了变化。1954 年 4 月 17 日，时任诸暨县长签发了一份文件，批复该处房产属于正在经营的诸暨供销社所有，陈大爷家拥有的该处房产原房产证作废。

掌握这一情况后，调解员把陈大爷、陈大爷的两个儿子、陈大爷所在村的村干部及驻村领导请到调解室，就陈大爷上访的房产问题开了个调解会议。调解员把调查得到的情况当面向陈大爷和陈大爷两个儿子做了说明。陈大爷的儿子听后表示理解。但是，陈大爷对那处房产还是不肯放弃，极力争辩。看来陈大爷的工作是很难做通的，针对这种情况，调解员对陈大爷说："如果你还认为房子属于你，那么可以通过打官司解决。"陈大爷表示打官司的方法可行。调解员把陈大爷的两个儿子叫出调解室，希望他们做好父亲的思想工作。陈大爷的儿子对调解员表示歉意，说父亲年纪大了，生活中也总是为某些事纠缠不清，希望工作人员对他们父亲的行为宽容些。

这次调解之后没过多久，陈大爷又一次来到调解室，一进门就要求调解员把房子归还给他，调解员给陈大爷泡了杯茶，然后打了个电话给陈大爷的儿子。陈大爷足足讲了一个小时家常，说到最后，陈大爷问调解员："我今天来，跟你们说了什么事？我记不起来了。"过了一会儿，陈大爷的儿子上门来了，说："一大早我们就到处找父亲，还好接到你们电话，父亲最近老年痴呆又犯了。"

案例点评：这是一起因房产归属问题引发的信访案件。在信访多次接待无法解决的情况下将案件转给了枫桥镇调委会。镇调委会充分发挥自己的主动性和积极性，通过深入调查，搞清了事实真相，给了信访者一个负责任的交代。调解员这种认真负责的工作态度令人敬佩。

③

讨爱犬费尽周折 经调解完璧归赵

案例介绍： 2016 年 2 月，枫桥镇某村村民骆某家里养的一条爱犬突然不见了，骆某到处寻找，一直没有下落。虽然心里隐隐作痛，但他也束手无策。

过了半年多，到 2016 年 8 月，骆某发现自家的爱犬，竟待在枫桥镇另外一村的村民袁某家里，袁某居然已经养了半年之久。骆某觉得事有蹊跷，就赶到袁某的家，向袁某说明原委，讨说法。袁某听了，根本不以为然，理直气壮地说："这狗是我买来的，怎么会是你的？你这光天化日之下的瞎扯，也太离谱了吧！"骆某讨不到狗，却讨了个没趣。无奈之中，骆某就请求民警小张前往袁某家了解情况。

群众的事无小事。民警小张即与袁某联络。袁某实话实说，说这狗是他从某市场旁的杀狗场以 600 元钱买来的，已经养了半年，早已驯服了，也很会管家，说什么也不肯退回。还说杀狗场老板一定回忆得起来。民警小张也了解到，袁某为人规矩老成，不是偷鸡摸狗之徒，但为慎重起见，他又到杀狗场了解狗的来龙去脉。杀狗场老板说，袁某于半年前，确实来买走一条狗，这狗是在杀狗场门口收购来的，至于何人投售，因类似情形太多，记不得了。

至此，这狗跟袁某的关联已经搞清。至于何人把狗卖到杀狗场，因时过境迁，谁也无法查实。现在的问题是，经骆某所在村的干部群众证实，这狗的原主确是骆某，况且骆某是主诉的"原告"，坚持要求物归原主。骆某和袁某成了纠纷的双方。小张没时间精力当法官，就向枫桥镇调委会求助。

调处过程及结果：镇调委会受理后，就向各方了解情况，认定骆某要求物归原主，主张合理，袁某不必强行截留，因为这样只会激化矛盾。但是，从化解误会、息事宁人的良好愿望出发，鉴于袁某为养护这狗，已花费不少，所以骆某应适当予以补贴。这就厘清了化解这一纠纷的基本思路。调解员不打无准备之仗，遵循这一思路对双方进行说服疏导，逐渐得到了双方的认同。

2016 年 8 月 14 日，骆某和袁某来到枫桥镇调委会接受和解，骆某当场支付给袁某买狗及养护费用计 1800 元，袁某即把狗归还骆某，双方握手言和，化解了误会，消除了后患，促进了和谐。

案例点评：这是一起宠物犬的归属问题引起的纠纷案件。在了解纠纷原委的基础上，调解人员提出了一个维护双方当事人切身利益、双方都能接受的调解方案，既能让宠物犬物归原主，回到骆某的身边，又能使袁某在经济上不受损失，很好地化解了纠纷。"枫桥经验"之所以几十年来历久弥新，保持强大的生命力，其内在动力就在于它在化解矛盾纠纷过程中始终以群众的根本利益为出发点，把当事人的切身利益放在首位，通过协调、说理等平和的手段实现对矛盾纠纷合法、合情、合理的解决，得到了群众的支持。

④

离异夫妻闹矛盾　娟子上门解冤仇

案例介绍：2017 年 7 月 24 日晚上 10 点多，娟子工作室的电话铃声突然响了起来，里面传来一个男子急促的声音："你是娟子吧？赶快来某某路 195 号我家一趟！"

　　要是在白天，接到这样的电话娟子会迅速前往，但此刻已是晚上，接到这样的电话总需要思虑三分。谁知刚放下电话，急促的电话铃声又响起，是枫桥派出所孙副所长的电话："娟子，我们在某某路 195 号处警，这里发生吵架，当事人说只相信你，一定要你来帮助处理！"

　　电话铃声就是命令。娟子马上驱车赶到案发地点。

　　虽然已是晚上 10 点多了，但这户人家的门口还是人声嘈杂，围了 10 多人，两名警察和 3 名协警正在维持秩序。孙副所长看到娟子，马上迎上来说："娟子，你可来啦，赶快来劝劝这位女士。"

　　一进门，只见一位女士怨气冲天地正在控诉"陈世美"，声泪俱下，还要寻死觅活。为了缓和现场紧张气氛，娟子故作轻松地问道："美女，发生了什么情况？"女当事人回答说："我不是美女，要是美女的话，他就不会找别的女人啦！"

　　一听这话，对这场"激战"的起因，娟子已大概有数了。当务之急是让矛盾双方避免接触，降温处理，把情绪稳定下来再分头做工作。于是娟子让警察、协警和当事人的姐姐先劝说这位女士回自家楼上安顿休息，然后娟子和孙副所长把这位男士叫到客厅了解情况。

　　经过调查，得知男方姓陈，女方姓赵，原来是夫妻，离婚已有 3 年多了。最近，陈先生谈了一位女朋友，这事不知怎的被同住一幢楼不同层的前妻赵女士知悉，于是就平地陡起风波。

　　起先，赵女士对儿子说："你爸爸要再婚了，'六月的日头，后娘的拳头'，十个后娘九个凶，再婚的话，新妈妈对你这个小孩会很凶的，你千万不要让你爸爸再婚。"

　　为了搅黄这桩婚事，赵女士还几次三番给陈先生的现任女友发微信，言辞激烈，不让她跟陈先生谈恋爱。

　　听到前妻赵女士这些言语后，陈先生思前想后，越想越恨，非常恼怒。赵女士的行为让他忍无可忍，认为是在故意干扰破坏他寻找新的幸福。于是今晚，他拿了把菜刀闯进赵女士房间里，不但发生言语冲突，还把她房间里的家具都劈了。赵女士报了警，还扬言不想活了，让陈先生杀掉她好了。

陈先生平时听人说过娟子工作室的为民热线电话"一拨就灵"，就打电话给娟子，想通过娟子做做他前妻的工作，这才有了开头这一幕。

调处过程及结果：娟子对陈先生说，你前妻的行为，说明她心里还是爱你的，所以才会阻挠你再婚。陈先生听了这话，说娟子猜得很准，但自己已经不爱她了，她这样纠缠，让人忍无可忍。

娟子严肃批评陈先生："你们已经离婚，你当然有自主寻找配偶的权利，任何人都无权干涉。但你拿菜刀进入别人的住宅，并砍劈家具的行为已经触犯了国家的法律。"根据《中华人民共和国治安管理处罚法》第九条规定："对于因民间纠纷引起的打架斗殴或者损毁他人财物等违反治安管理行为，情节较轻的，公安机关可以调解处理。经公安机关调解，当事人达成协议的，不予处罚。经调解未达成协议或者达成协议后不履行的，公安机关应当依照本法的规定对违反治安管理行为人给予处罚，并告知当事人可以就民事争议依法向人民法院提起民事诉讼。"

娟子进一步指出，陈先生的行为违反了《中华人民共和国治安管理处罚法》，如果造成严重后果是要受到法律制裁的。"俗话说冲动是魔鬼，你举起了刀，可晓得一刀下去会有怎样的后果？其严重性你可曾想过？你们过去曾经是夫妻，一日夫妻还百日恩呢。你们虽然已经离婚，但有共同的孩子，今后在孩子的求学、就业和婚姻上都还会有交集，凡事要为孩子着想，再也不能干这种冲动加法盲的蠢事了。"

听了娟子的批评，陈先生对自己的行为有了悔意，但还是坚持说："既然已经离婚，我肯定是不会复婚的，一定要和她分开。娟子你劝劝我前妻吧。"

考虑到时间已经接近子夜，看陈先生虽然态度十分坚决，但心情已经平和，赵女士也没再下楼来吵，娟子就建议双方各自冷静，好好思考，明早再做沟通。

次日一早，娟子就联系上赵女士。赵女士正在上班，接到娟子的电话后，双方互加了微信。娟子在微信里耐心地与赵女士沟通。《中华人民共和国婚姻法》第五条规定："结婚必须男女双方完全自愿，不许任何一方对他方加以强迫或任何第三者加以干涉。"《中华人民共和国婚姻法》规定的婚姻自由，包括结婚自由和离婚自由。既然双方感情破裂，也已经办理了离婚手续，法律上就不再是夫妻关系，任何人都无权干涉他人追求幸福的权利，要正视这一事实。

娟子还劝说赵女士要换位思考，强扭的瓜不甜，既然陈先生已另有所爱，木已成舟，你就应该通情达理，该放手时且放手。

娟子严肃而又真诚的劝解，终于打动了赵女士，让她放下了思想包袱，表示就此止步，今后再不阻挠陈先生恋爱与再婚。

矛盾解决了，娟子叮嘱赵女士要好好生活，好好工作，与陈先生和睦相处，抚养好她与陈先生共同的孩子，不能让矛盾再次激化，并真诚地祝愿她未来生活幸福美满。

案例点评：此案能够比较顺利地调解成功，得力于当事人对娟子的信任，主动要求娟子出面调解。这种对调解员的信任，有助于调解员同当事人进行有效交流与沟通；其次，调解员从法、理、情出发，有的放矢，有理有节，针对性地做好双方当事人的思想工作，对成功调解也起到了一定作用。

当然，从更广意义上讲，此案调解成功更源于群众对人民调解公正和高效的信任，源于"枫桥经验"旺盛的生命力。

这次调解事后，双方当事人都成了娟子公众号的微友，双方微信朋友圈里都在谈各自的工作和家庭，再也没有过去闹纠纷时的战火硝烟。

据事后回访，双方当事人风平浪静，再无争执。

第九章
枫桥经验在诸暨

枫桥经验
之人民调解案例故事

①

一起工资纠纷的及时调处

案例介绍： 2007 年年底的一天上午，安华镇政府来了 5 个人，请求镇司法所帮助其催讨工资。原来这 5 人都是安华镇某村的村民，他们由同村周某介绍，替申某建造厂房。其间，申某因病突然去世，遗留建房工人工资近 2 万元尚未支付。

据调查，申某去世后，其工厂已关门，人去楼空，机器设备也被债主搬走。同时了解到，民工工资以前都是由周某代为支付的；而民工建造的厂房坐落在吴某的企业园区内，申某正是租用吴某企业园区的空地来修建厂房的。

调处过程及结果： 了解到上述情况后，镇调解员先后找吴某及介绍人周某谈话，在分别做过一定思想工作的基础上，召集三方人员进行调解。

在调解过程中，周某说虽然以前工资曾由自己代付，但对于目前这笔民工建房工资款，申某生前并未做交代。吴某表示，申某尚欠自己土地租金。工人则说，这是自己的血汗钱，一定要有个说法。

通过调解人员耐心、仔细、反复地调解，周某终于同意代为支付 5000 元，吴某同意代为支付 1000 元，民工们同意放弃其余要求。一件可能涉及群体性上访的事件，终于在春节前得到了妥善的解决。

案例点评： 农民工工资是农民收入的重要来源，亦是其维持家庭生产经营、生活的主要物质财富。能否如期领到工资，不仅关系到农民切身利益能否得到真正保护，而且关系到社会的长治久安。

《中华人民共和国劳动法》第五十条规定："工资应当以货币形式按月支付给劳动者本人。不得克扣或者无故拖欠劳动者的工资。"据此，企业、个体经济组织应按月及时发放农民工工资。而本案中，申某的突然病逝，使5位村民领取工资遭遇障碍。

《中华人民共和国继承法》第三十三条规定："继承遗产应当清偿被继承人依法应当缴纳的税款和债务，缴纳税款和清偿债务以他的遗产实际价值为限。超过遗产实际价值部分，继承人自愿偿还的不在此限。"据此，这几位村民虽可向申某的继承人主张权利，但需承担相应举证责任后才会实现诉求。照此法律程序，追讨起来复杂又耗时。况且，他们迫切希望春节前结清工资，因为家里还等着钱急用呢！

危难时刻，安华镇调解员雪中送炭，以法理为依托，积极组织三方相关人员进行协商，经过几番交锋，终达成一致意见，从而使村民们在春节前领到工资，欢欢喜喜回家过年！

（本案例由安华镇人民调解委员会提供，浙江永大律师事务所孟伟杰点评）

②

家有三子无人理　巧妙调解纠纷了

案例介绍：一天，安华镇某村有群众到镇司法所反映，该村80多岁的周某独自一人寄居在一间小屋中，无人照顾。得知这一情况后，调解员立即与驻村指导员一起赶到该村，由村干部陪同，找到周某，发现情况基本属实。周某独自住在一间又狭又暗的小屋里，且身患疾病。据了解，周某有三个儿子，分别是周甲、周乙、周丙。以前，周某由三个儿子轮流赡养，三个月为期，一直相安无事。但随着周某逐渐衰老，身体状况也就一天不如一天，经常是抱病在身。今年三个儿子轮流赡养一期后，本应轮到长子周甲照料，但周甲提出第二期要改从次子周乙或幼子周丙开始，最后才轮到自己。这个提议自然遭到周乙、周丙的反对。于是周甲便将老父周某抬到了老房子里，只负责每日饭菜，其余便不闻不问。村干部几次找周氏兄弟协商，都无法解决。看到调解员，老人涕泪纵横，但仍很倔强，表示不会去求儿子们，宁可一人饿死在老房子内。

当天，调解员就找到周氏兄弟三人分别谈话。周甲坚持自己的观点，说每次都由自己先轮，万一父亲哪一天走了，自己岂不是吃亏了，况且自己住房也紧张；周乙表示赡养次序是原先商议好的，况且下半年自己儿子要结婚，连婚房都紧张，实在没有地方来安置老人；周丙表示如果没有兄长，自己一个人赡养也是应该的，但既然父亲有三个儿子，理应大家共同承担赡养义务。

调处过程及结果： 第二天调解员就召集周氏兄弟三人及村干部一起到镇人民调解委员会办公室进行调解。在进行法律讲解和道德教育后，周氏兄弟态度有所转变，但依然不肯做出实质性让步，对由谁先赡养问题迟迟不能达成协议。

在调解过程中，调解员了解到老人一年生活费为3000—4000元。为了打破僵局，调解员便提出一个新方案：鉴于老人年纪大了，频繁搬动不方便，不如每人照顾一年，三年轮一次。这一年中未轮值照顾老人的两人各补贴1500元给负责照顾的人。医药费及将来的丧葬费则由三兄弟平均分担。对于这一方案，周氏三兄弟考虑一阵后都答应了下来。调解员趁热打铁，动员周甲率先承担起照顾老人的责任，并要求周乙、周丙及时支付3000元赡养费。周乙、周丙连连点头，说应该的，不会让周甲吃亏。周甲碍于面子，最后答应了下来。

当天下午，周某就被周甲接到了自己家里，周乙、周丙也都付清了一年赡养费。纠纷得到了圆满的解决。

案例点评：《中华人民共和国婚姻法》第二十一条规定："子女对父母有赡养扶助的义务。子女不履行赡养义务时，无劳动能力的或生活困难的父母，有要求子女付给赡养费的权利。"《中华人民共和国老年人权益保障法》第十四条规定："赡养人应当履行对老年人经济上供养、生活上照料和精神上慰藉的义务，照顾老年人的特殊需要；赡养人是指老年人的子女以及其他依法负有赡养义务的人。"《中华人民共和国老年人权益保障法》第十九条规定："赡养人不履行赡养义务，老年人有要求赡养人付给赡养费的权利。"

依据上述法律规定，周氏三兄弟赡养其年迈的父亲，不仅是中华民族传统美德之要求，更是依法治国之需求。调解员心领神会法律的"刚性"和"柔性"，巧妙地将法律的原则性与灵活性融为一体，从而拓展思路，另辟蹊径，找到一条平衡各方利益之妙招，终使老人权益得到有效保障，调解圆满成功！

（本案例由安华镇人民调解委员会提供，浙江永大律师事务所胡迪锋、孟伟杰点评）

③

联合调处有效防止发生群体性事件

案例介绍：五泄镇某企业职工陈某在工作过程中，因操作不当，造成左手食指、中指及无名指断裂。受伤后，企业及时派人送其到医院进行了治疗，并支付了住院期间的全部医药费。职工的亲属得知此事后从外地赶来，在与企业主协商过程中，就赔偿费用问题与企业主产生了较大分歧。职工亲属情绪激动，该企业要求五泄镇人民调解委员会出面进行调处。

调处过程及结果：镇调委会即同镇工办协商，并进行分工，由镇工办了解双方当事人的情况及事情发展的态势，镇调委会着手根据法律知识，拟定处理的方案。在做好准备的基础上，镇调委会和镇工办联合对这事进行了调解，并邀请了受伤职工的相关亲属参加。

在调解前，镇调委会和镇工办分别和双方当事人进行了谈话，讲清楚此事涉及的相关法律，要求双方都能心平气和地坐下来协商。

针对双方关心的焦点，调解员对双方进行了耐心细致的劝导。对伤者及其亲属，调解员首先从法律的角度就赔偿数额问题进行了充分解释，并把有关法律条文找给他们看；而对企业主，调解员则从息事宁人解决纠纷的角度进行劝说。在双方心理预期差距逐渐缩小的时候，调解员适时提出了合理的建议，促使双方达成一致并在协议书上签了字。

到此，这次纠纷得到了圆满解决，调解员及时阻止了一次极易激化的群体性事件的发生。

案例点评：《工伤保险条例》第十四条规定："职工有下列情形之一的，应当认定为工伤：（一）在工作时间和工作场所内，因工作原因受到事故伤害。"就本案来说，陈某在工作过程中所受到的人身伤害，构成工伤并无太大争议。在发生工伤事故后，一般需要进行工伤认定。如果存在残疾、影响劳动能力的情况，还应当进行劳动能力鉴定。《工伤保险条例》第二十九条规定："职工因工作遭受事故伤害或者患职业病进行治疗，享受工伤医疗待遇。"也就是说，由单位承担工伤职工的医药费，这是有明确法律依据的。如果工伤职工被评定伤残等级，还应当支付生活护理费等，即本案中职工家属与企业主协商的赔偿费用。

本案发生后，用人单位与劳动者及家属就此工伤事故的赔偿分歧较大，无法自行解决矛盾。五泄镇的镇工办、调委会在充分了解相关的法律规定后，合情、合理、合法地在双方当事人中斡旋，对这次事件的妥善解决起到了关键作用。

自《中华人民共和国劳动合同法》制定和实施以来，我国劳动争议数量保持了高速增长的趋势，本案具有一定的代表性。该案再次提醒用人单位注意用工方面的法律风险，切实加强劳动关系的管理。

（本案例由五泄镇人民调解委员会提供，浙江永大律师事务所冯治宇、龚昌盛点评）

④

触电致人死亡　调解妥善补偿

案例介绍：2008 年 6 月 25 日下午，直埠镇某村村民姚某与几位朋友在渔场钓鱼时，不慎将鱼竿碰到高压线。姚某被巨大的电流推出数米远后随即不省人事。朋友见状，马上拨通了 120 急救电话，但由于心脏被电击严重，姚某经抢救无效死亡。意外发生后，死者姚某的家人以事故现场高压线离地只有 4 米未达到安全间距标准为由，认为供电局应对此次事故负全责，随即于 6 月 26 日到供电局要求赔偿姚某死亡赔偿金、安葬费、抚养费等各项费用共计 55 万元。但供电局表示他们原本在架设高压电线时离地有 6.5 米，已超出国家标准，只是近日河塘边被塘主填高了，

遂不到安全间距。所以死者本人与河塘塘主都存在一定责任，供
电局只是没有及时发现并树立警示牌，不应承担所有的赔偿费
用。对责任认定及赔偿问题，双方意见分歧太大，并有进一步激
化矛盾的可能。为此，供电局立即致电直埠镇政府请求调解。

调处过程及结果： 当日中午，镇分管领导得知这一信息后，
及时组织调解员、村干部等火速赶到供电局，当时死者家属（约
10 多人）已经聚集在供电局，情绪非常激动，矛盾随时可能激
化。鉴于事态的严重性，调解员当即厘清工作思路，召集死者家
属代表进行座谈，安抚他们过激的情绪，并认真询问和记录事故
发生经过，尤其是与事故有关的每个细节，形成第一手材料。经
过调查分析，调解员发现双方争议焦点集中在两方面：一是双方
责任划分问题，二是赔偿数额问题。

在调解员的主持下，双方就死亡赔偿进行协商，首先由死者
家属代表就事件进行了详细陈述，提出此次意外供电局应负全
责，要求供电局赔偿姚某死亡赔偿金、安葬费、抚养费等各项费
用共计 55 万元。供电局方面对事件发生经过的陈述未有异议，
但表示死者本人与河塘塘主都存在一定责任，所以供电局只承担
三分之一的赔偿费用。为此，双方争执不下，态度逐渐强硬，措
辞愈加激烈。调解员及时对双方当事人进行了劝说，让双方冷静
下来，以真诚务实的态度解纠纷、促和解。调解员向双方当事人
提出了相应的调解方案。双方当事人在听完主持人的调解后，就
责任划分问题取得共识，但对赔偿数额存在分歧，调解工作一度
陷入僵局。

晚上 9 点，直埠镇党委、政府主要领导也赶到现场，在听取
调委会工作汇报后，召集调解员研究调解方案，形成调解共识，
并迅速将工作人员分成两组，分头再做双方当事人思想工作：一
方面向死者家属讲明供电局的确有责任但不是全责，讲明要是达
不成协议要尽快走法律渠道解决，要尽快处理死者后事，等等；

另一方面向供电局提出尽快解决赔偿款，使其积极配合调解工作。经过数小时艰苦细致的讲法释理和耐心劝导，至 27 日凌晨 2 点，双方终于达成一致的调解协议：①供电局一次性赔偿姚某死亡赔偿金、安葬费、抚养费等各项费用共计 30 万元，对塘主的追偿权利归供电局所有；②此次处理属一次性处理，双方以后不得为此事纠缠。

至此，在镇党委、政府的重视下，通过镇调委会人员的努力，一起触电致死赔偿纠纷终于画上了句号。

案例点评：《中华人民共和国电力法》第五十三条规定："电力管理部门应当按照国务院有关电力设施保护的规定，对电力设施保护区设立标志。"供电局负有对电力设施保护区进行监管及设立标志的法定义务，并应履行对于电力设施保护区内危及电力设施安全行为采取适当措施、予以制止的义务，在其未履行相关义务的情况下，应当就其不作为行为导致的侵权损害承担赔偿责任。故供电局对于姚某的死亡应当承担相应的责任。

姚某作为完全民事行为能力人，具有预见在高压电线下钓鱼存在潜在危险性的能力，却未能对此加以注意，故在此事件中具有过失。

同时，河塘塘主违反《中华人民共和国电力法》第七章的规定，擅自填高河塘，导致高压电线的相对高度降低，河塘塘主对姚某的死亡负有责任，供电局依法享有对其的追偿权。

本案中各方当事人由政府主导，在调解员的主持下，以国家的法律法规为依据，对纠纷当事人规劝疏导，促进纠纷当事人互谅互让，平等协商，从而自愿达成协议，及时消除纷争。

（本案例由直埠镇人民调解委员会提供，浙江永大律师事务所王永建、王佳囡点评）

⑤

触电受伤起纠纷　耐心调解化干戈

案例介绍： 2008 年 6 月 10 日，直埠镇某村村民郦某到诸永高速工地铺设的涵管里拔草通水，以便引水至自家田地灌溉，不慎触到高速公路施工方铺设的电线，以致触电受伤，当即送人民医院救治。

调处过程及结果： 诸永高速 FJ-1 合同项目部负责人曹某得知这一消息后，立即赶到医院看望了病人，并预付了医药费 5000元。事故发生后，村调委会组织曹某和郦某家属就赔偿问题进行了首次调解。一开场，双方在事故责任问题上相互推诿，甚至恶语相向，首次调解未成。郦某出院后，村调委会再次进行调解，在长达 3 小时的调解过程中，双方语言之间的火药味仍然很浓，并且在赔偿问题上存在很大的分歧，第二次调解不欢而散。曹某表示若实在无法调解可以通过法律途径解决；郦某则扬言打官司可以，但事情未解决前，项目部也不用想太太平平地施工。郦某甚至还打算组织一批亲属到曹某工地上讨说法，事态有进一步恶化的可能。镇调委会得到消息后，及时联系了双方当事人，预约双方到镇调委会调解，并征得双方同意控制出席调解会议的人数。调解前镇调委会及时组织力量就事情来龙去脉进行走访。

7 月 11 日，在调解会议上，调解员引导大家从追究事故责任的误区中走出，讲明调解的诚意、利害关系后，就直接把话题转向赔偿问题。同时出席的律师把法律规定的赔偿额度告知了双方，使赔偿问题有了一个参考标准。但曹某认为自己在已支付医药费的情况下，还需支付赔偿款 2 万元超出了这一标准。郧方认为这一标准没有考虑到郧某今后的健康补偿，坚持应赔 12 万元。双方陷入僵局。后通过分头做工作，双方就赔偿额度有所松动，考虑到双方对医疗费已无争议，主要焦点集中到了康复赔偿款上。通过镇调委会、村干部，以及高速公路相关领导分头再做工作，曹某最终答应再增加 1 万元赔偿费，共计 3 万元。而郧方在知晓相关规定后，也最终同意了曹某这一赔偿额度。双方意见统一后，在镇调委会组织下签订了调解协议书。一次可能发生的群体性事件得到了及时处理、妥善化解。

案例点评：《中华人民共和国民法通则》第一百二十五条规定："在公共场所、道旁或者通道上挖坑、修缮安装地下设施等，没有设置明显标志和采取安全措施造成他人损害的，施工人应当承担民事责任。"依照此规定，诸永高速公路施工方因工程施工需要铺设电线后，应当依照法律规定设置明显的警示标志。而在该案中，诸永高速公路施工方并未履行法定的义务，以致发生触电受伤事故。可见，诸永高速公路施工方存在不履行法定义务的不作为，主观上存在过错，客观上导致了郧某触电受伤的损害后果，二者之间存在因果关系，理应承担民事责任，赔偿由此造成的郧某的损失。

依据《中华人民共和国民法通则》《中华人民共和国电力法》等相关条文，侵害公民身体造成伤害的，应该赔偿医疗费、因误工减少的收入等费用，可见诸永高速公路施工方在垫付医药费的基础上，还应对郧某的其他误工费、护理费等依法进行赔偿。本案在调解过程中，诸永高速公路施工方作为过错方，另行赔付既合法，又合情合理。同时本案中镇调委会及有关方面积极调解，使得矛盾及时化解，为和谐社会的建设做出了贡献。

（本案例由直埠镇人民调解委员会提供，浙江永大律师事务所郭建平、龚昌盛点评）

⑥

巧用相邻权　纠纷得化解

案例介绍：许甲和许乙同是街亭镇某村人，两人原是邻居，平日并无矛盾。2004 年 7 月，许甲在许乙隔壁拆除老房、建造新房，许乙认为这对其房屋的光照、通风等造成了一定影响，遂向有关部门反映。

调处过程及结果：街亭镇人民调解委员会对此做了深入调查，认真听取双方当事人对此事的态度和意见，并走访所在村，听取村干部及周边村民的多方面意见，在全面分析案情的基础上，调解员结合相关法律规定，对此做出以下调解。

因许甲原拆原建房屋在法律程序上存在瑕疵，街亭镇调委会以此为切入点，首先在思想上软化许甲。然后调解员再对其讲述相关法律规定，尤其是民法中对"相邻权"的规定，要求相邻一方在合理行使其所有权和使用权时，享有要求其他相邻方提供便利或是接受一定限制的权利。许乙作为相邻一方，其住房使用权是合法的，邻居许甲应在不损害其利益的前提下让其提供便利，任何有损对方权益的行为都应做出相应补偿。因此于情于理于法来讲，许甲都存在一定的侵权行为，应对此做好补偿。通过如此一番讲述，许甲也认识到了自己的问题，并在思想上逐渐转变，同意给予对方一定补偿来化解纠纷。

做好许甲的思想工作，本案就得到了实质性的进展。许乙虽因此事曾多次上访要求拆除许甲新建房屋，但这并非不可调和的矛盾。虽然许甲建房对其造成了一定的影响，但我们还是要本着与人为善、邻里和睦相处的基本原则，充分考虑到许甲的住房需求，不能以相邻权为由完全否定其合理的住房要求。我们可以通过对许甲建房加以一定的限制来将其对许乙的影响降到最低，再加以一定的经济补偿来化解此矛盾。街亭镇调委会以此入手来做许乙的思想工作，一方面告知其在享有相邻权的同时，也要保证对方基本的生活需求；另一方面，相邻权的损失也可以量化为经济赔偿，合理的经济赔偿要求也是可以接受的。

经过调解员入情入理的分析与劝说，双方终于握手言和，达成调解协议：①许甲付给许乙经济赔偿 9000 元整（许甲付 6000 元，村主职干部主动拿出 3000 元，积极化解矛盾）；②许甲房屋不得抬高；③双方房屋之间不得再盖任何建筑。

案例点评：相邻关系是指两个以上相互毗邻的不动产所有人或占有、使用人，在行使不动产的占有、使用、收益和处分权时，相互之间应当给予便利或者接受限制而发生的权利义务关系。《中华人民共和国民法通则》规定处理相邻关系的原则是：有利生产、方便生活、团结互助、公平合理。正确处理截水、排水、通行、通风、采光等方面的相邻关系是减少纠纷的重要方面。相邻关系纠纷往往具有事情小、积怨深的特点，处理这类纠纷，调息纷争是最好的处理方式，取得的社会效果也最佳，这也给基层人民调解委员会很大的发挥空间。本案中，街亭镇人民调解委员会工作扎实深入，在了解纠纷根源的基础上，积极寻找解决方案，并创新性地提出通过获益方经济补偿的方式使争执双方化解矛盾。调解员在调解过程中取得争议双方的信任，并运用法律对双方各自进行说服教育，既宣传了法律，又消除了双方内心的积怨，最终取得了圆满的调解效果。

（本案由街亭镇人民调解委员会提供，浙江永大律师事务所郭奇斌点评）

⑦

济贫扶弱化解外来建设者心头事

案例介绍：2007 年 5 月 8 日，一位挂着拐杖的年轻小伙子来到大唐镇人民调解委员会，哭着说："乡镇领导，你们要帮忙啊！我真的生活不下去了！"

大唐镇人民调解委员会的工作人员连忙叫小伙子先坐下来。通过当事人的叙述，得知事情的来龙去脉。原来小伙子名叫刘丙，贵州富泉人，去年才来诸暨打工。2006 年 4 月，刘丙经人介绍，在大唐镇的一个石塘打工。该石塘是由王甲承包，其外甥王乙管理的。在 2006 年 7 月 16 日上午 6：30 分，刘丙在指定的位置开挖炮位，不料被背面挖机作业挖落的石块砸到右腿，造成右腿骨折。事发后，刘丙被送往诸暨市第六人民医院救治，王乙主动垫付了各类医药费用。刘丙的住院，使得其原本艰难的家庭生活陷入窘境：刘妻 30 岁，无正常工作收入；家里有两个小孩，大的才 4 岁，小的才 3 岁，平时就靠刘丙打工维持生计。刘丙住院后，家里一下子断了经济来源，考虑到病人后续的治疗、康复，一家人愁云密布。面对这一家人的困境，王乙主动支付了房租钱。出院后，刘丙只能依靠拐杖行走，根本无法工作。于是，刘丙找到王乙要求其支付误工费、治疗费共计 10 万元。面对巨额赔偿，王乙一改常态，对刘丙避而不见，电话也一概不接。于是就出现了开头的一幕。

调处过程及结果：2007 年 5 月 12 日，大唐镇人民调解委员会的工作人员打电话给王乙，给他解释了相关法律规定，指出工人受伤雇主必须给予治疗，对造成伤残的必须给予赔偿；虽然王乙及时支付了医药费，但还存在后续治疗问题。至于费用，双方可以坐下好好协商。经过这次电话沟通，王乙主动表示会来镇调委会办公室接受调解。

14 日，双方来到大唐镇人民调解委员会办公室。基于事实清楚，调解员就直奔主题。

对于刘丙，调解员指明，任何赔偿都是有法律依据的，要依法律准绳，不能漫天要价。依据相关规定，经研究，刘丙误工费、护理费等各种费用共 45600 元，扣除王乙之前已经支付的 13000 元，还应支付 32500 元。听到这些，刘丙从心里信服了，连忙说自己当时是一时冲动，只要事情和平解决了就好。

接下来，调解员肯定了王乙在事故发生后的积极作为，也明确了王乙在该次事件中应承担的责任，指出国家对人身伤害赔偿有明确的标准，就这起人身伤害事故而言，通过科学合理的计算，赔偿费用为 32500 元，并非刘丙先前宣称的 10 万元。对这个结果双方都表示非常满意，愿意快速处理，使事情有圆满的结局。当天，双方签订了调解协议。

案例点评：《中华人民共和国工伤保险条例》第三十七条规定："职工因工致残被鉴定为七级至十级伤残的，享受以下待遇：（一）从工伤保险基金按伤残等级支付一次性伤补助金，标准为：七级伤残为 13 个月的本人工资，八级伤残为 11 个月的本人工资，九级伤残为 9 个月的本人工资，十级伤残为 7 个月的本人工资；（二）劳动、聘用合同期满终止，或者职工本人提出解除劳动、聘用合同的，由工伤保险基金支付一次性工伤医疗补助金，由用人单位支付一次性伤残就业补助金。一次性工伤医疗补助金和一次性伤残就业补助金的具体标准由省、自治区、直辖市人民政府规定。"本案中刘丙由于经过工伤鉴定属于十级伤残，所以应当按照法律规定的标准进行赔偿。做到工伤依法索赔，而非漫天要价。

工伤事故的频繁发生导致了工伤赔偿的纠纷数不胜数，鉴于司法资源的有限性，因此，最高人民法院提倡民事案件能调解的尽可能调解，这样可以节省我国的司法资源，同时也有利于缓和社会矛盾，维持社会的稳定，这符合社会主义和谐社会的建设要求。诸暨市大唐镇人民调解委员会对于本案调解的策略和方法是合法合理的。该调解方案也得到了双方当事人的接受和认可。

（本案例由大唐镇人民调解委员会提供，浙江永大律师事务所王永建、向祖海点评）

⑧

都是爆竹"惹"的祸

案例介绍：2007 年 5 月 2 日，马乙家沉浸在一片喜悦中，他的儿子马丙这天举行婚礼，屋子里张灯结彩，高朋满座，"隆隆"的爆竹声响彻夜空。谁也没有想到，就是这爆竹将给他们带来无尽的悲哀和痛苦。5 月 3 日晚，马乙点燃了一个婚礼上剩余的红双喜烟花（该烟花为 3 寸，25 发），点燃后发现没有丝毫动静。他以为是个哑炮，就凑上去一看，突然，火花从烟花孔中蹿了出来……马乙头部严重受伤，家人连忙将其送去诸暨市人民医院，但他终因伤势过重，于 5 月 13 日死亡。

马丙一下子失去了父亲，大好的喜事变成了一场悲剧。在悲痛中，马丙带领人来到烟花爆竹的销售点。他们敲柜台，砸东西，要求老板宣甲给一个交代。宣甲浑然不知发生何事，以为一帮人故意捣乱，便与其起了争执。后来 110 平息了这次纷争。通过多方打听，宣甲了解了事件的真相，对马丙的做法极度反感；

另一方面，马丙则不断上门找碴，一会儿上门哭丧，一会儿送花圈。矛盾不断激化。

调处过程及结果：诸暨市治安大队、大唐派出所、大唐镇人民调解委员会三方组成调解小组，共同调解处理该案件的民事赔偿问题。5 月 25 日，双方当事人代表及各自的律师就座，开始了第一次调解。一开始，马丙就要求宣甲到场赔礼道歉，否则不予谈判。调解开头就充满了火药味。调解员告知马丙，宣甲几经折腾，正在静养，无法到场。调解人员接着又说，此次是调解，主题是化解矛盾和纠纷，所以，当务之急是协商出一个双方都能接受的方案。至于道歉，这是合理的，宣甲会有个明确的态度。马丙又提出，赔偿金额没有 100 万，谈都不用谈，态度甚是坚决。在僵局中，第一次调解就这样结束了。

针对马丙的漫天要价，宣甲认为，造成人身伤害事故是他意想不到的；事前他们用欺骗手段得到一些证据，事发后到店里闹事，造成恶劣影响；现在又是欺人太甚，实在不行，就不要调解了。

针对僵局，调解小组认真分析各方情况，认为当前应以马丙为突破口，便多次走访马丙，努力平复其情绪，改变其态度。同时，还邀请与马丙关系密切的人员一起开导马丙。

同时，调解小组也联系宣甲，指出其经销烟花爆竹，没有经过烟花爆竹总经销商天虹公司的同意，属于擅自经销管理，对事故负有不可推卸的责任。同时，事故发生后，宣甲没有主动地去向受害者家属道歉和慰问。虽然马丙提出的赔偿数额不尽合理，但这个是可以根据法律标准，一起协商的，这一点聘请的律师最清楚了。经过了一个月的努力，双方当事人态度放缓，不再固执己见。

调解小组见时机已成熟，就安排双方再次会面，做进一步协商。此次双方态度明显好了很多。可是，到了节骨眼上，又出问题了。马丙坚持不肯出示马乙作为城镇居民的材料，导致在赔偿金额上出现严重分歧。宣甲一怒之下，甩开大门欲走。眼看又要谈崩了，调解员立马把马丙叫出会议室，道明材料的重要性，否则宣甲无法消除顾虑。马丙强调，若把一些证据给宣甲，父亲的后事就没有办法安排了。时间已过中午，调解小组立刻与双方律师展开讨论，就一些证据保全问题进行了磋商。到下午3点多，终于有了基本眉目。调解接着进行。

到下午5点多，经过多方努力，双方签订了人民调解协议。

案例点评：《浙江省烟花爆竹经营许可实施细则》第二条规定："从事烟花爆竹批发的企业和从事烟花爆竹零售的经营单位、个体经营者，必须按照本实施细则的规定分别申请取得《烟花爆竹经营（批发）许可证》和《烟花爆竹经营（零售）许可证》。"《中华人民共和国产品质量法》第四十二条规定："由于销售者的过错使产品存在缺陷，造成人身、他人财产损害的，销售者应当承担赔偿责任。"

本案中，一场喜事因爆竹演变成一桩悲剧，丧父之痛难以一时痊愈，死者家属的悲痛极易转化为怒火。依据上述法律规定，致害人属无证销售爆竹，产品可能存在缺陷，其对死者的逝去负有不可推卸之责任；死者作为完全民事行为能力人，应预见爆竹可能存在的潜在危险，但其对此未加注意，故在本案中具有相应过失。为全面、彻底平息纠纷，大唐镇人民调解委员会择机而入，倾力组织调解工作，以法律为基石，晓之以理、动之以情，使调解工作井然有序地展开。每逢调解遇到障碍，又不失时机变换策略，稳扎稳打，终使纷繁复杂的纠纷得以化解，使双方化干戈为玉帛，彰显法律效果与社会效果的有机统一。

（本案例由大唐镇人民调解委员会提供，浙江永大律师事务所高炼、孟伟杰点评）

⑨

依法调解的一场经济纠纷

案例介绍： 2007 年 10 月 7 日，宣某挎着包，怒气冲冲地跑到大唐镇人民调解委员会，急告："有人打我了，还浑身是伤，青一块紫一块的，你们要是不处理，我就跟他们拼命了。"

大唐镇人民调解委员会了解基本情况后认真与派出所做了接洽，同时做好宣某的安抚工作，努力缓和其情绪，防止事态恶化。

宣某，矫正对象，于 2006 年初与某社区归正人员慎某相识，由于有相同的遭遇，两人情投意合开始同居。4 月初，两人商量开设袜业包装房：由宣某将陶朱街道租赁房间作为包装房，招揽人员从事包装工作；由慎某联系包装业务。

两人起早摸黑地干，业务行情慢慢好了起来，生活也越过越红火。但是，宣某偶然发现慎某运送袜包少了些，起初不在意，后来次数多了，便留了个心眼。之后她跟踪发现，慎某将袜包运往别处包装。原来慎某在浦江认识一个女人，部分袜子就是在那里包装的。不久前，慎某驾驶电瓶车摔倒受伤，宣某赶去医院看望时，发现一个女人已在旁边照顾，两个女人还扭打了起来。

出于保护自身利益的需要，此次宣某拿着发票，前往袜业公司结账，路上被慎某看见，遭到了殴打。

调处过程及结果： 调解人员掌握情况后，发现宣某与慎某之间，不仅有打架事件的调解，还牵扯到两人之前包袜期间的债权问题，稍一不慎，两件事情都不能得到有效处理。

随后，调解人员会同社区矫正工作人员，多次约见宣某，多次做其思想工作，要求其保持冷静，切忌思想冲动，做出违法乱纪的事情。宣某认为，出狱后自己想好好过日子，还攒了点钱，没想到被慎某花光了。自己起早摸黑，经常一个人奔波劳碌，想想也心酸。若再犯事，再进监狱就辜负了很多人的好心帮助。但是，就这样被欺负，实在心不甘。

调解员也开导慎某，要好好吸取教训，不要一错再错，腿断了还好，可以医治，万一矛盾闹大了，老父老母就没有人照顾了。不要老记恩怨，还是要回归到正常的工作和生活中来。打人是不好的，该付的医药费还是得付。此后，调解员多次联系慎某，反复做其思想工作。10月29日，调解员、社区矫正工作人员，会同派出所的同志，就宣某的医药费问题进行了调解，并达成了协议。另外，宣某与慎某同意对开展业务期间的包装款项进行合理的分配，由宣某得2656元，慎某得1300元，双方以前的经济纠纷不得再追究，双方都表示愿意接受。至此，这件有可能极端化的纠纷终于圆满地画上了句号。

案例点评：《中华人民共和国民法通则》第一百一十九条规定："侵害公民身体造成伤害的，应当赔偿医疗费、因误工减少的收入、残废者生活补助费等费用；造成死亡的，并应当支付丧葬费、死者生前扶养的人必要的生活费等费用。"《最高人民法院关于审理人身损害赔偿案件适用法律若干问题的解释》第十七条规定："受害人受人身损害，因就医治疗支出的各项费用以及因误工减少的收入，包括医疗费、误工费、护理费、交通费、住宿费、住院伙食补助费、必要的营养费，赔偿义务人应当予以赔偿。"本案中慎某伤害宣某依法应当给予其损害赔偿。同时二人合伙包装袜业所得收入应该依法按照比例分配。大唐镇人民调解委员会细心开导了两位当事人并使双方达成调解协议，这样既合乎法律规定又平息了二人之间的矛盾和争斗。

　　大唐镇人民调解委员会对于这起矫正对象和归正人员的调解合情合理也合法。本调解案案情其实很简单、事实也很清楚，关键之处在于本案调解对象的特殊性。针对这类人群，人民调解员应该怀着一颗尊重他们、善待他们之心。动之以情，晓之以理方为调解之道。

　　（本案例由大唐镇人民调解委员会提供，浙江永大律师事务所俞岚、向祖海点评）

⑩

工地突发事故　调解化解纠纷

　　案例介绍：2007年7月的一天，在俞某承建的安华镇某企业建筑工地上，几名工人正在安装塔吊，突然间10多米高的塔吊倾覆，3名工人受伤倒地，其中1名因伤重不治身亡。这3名工人都是安徽人，出事后，这3名工人的家属、亲友等纷纷赶至诸暨。

　　安华镇领导得知此事后，一方面要求俞某安排好伤者的救治工作，另一方面应俞某要求派出2名调解员参与调处死者的赔偿事宜。

　　俞某原以为死者是外地人，赔偿10多万元也差不多了，谁知死者家属来了30多人，其中1人还是专业律师，对方一开口就要求赔偿60多万元，理由是死者是专业塔吊工人，平时挣的是高工资，且上有双亲，下有3个子女，扬言如不接受赔偿要求就要到市府、省府去上访。

　　调解员一面协助俞某做好死者家属的接待和安抚工作，避免产生群体性事件；另一方面耐心地进行调解。由于家属走得匆忙，未带户籍资料，调解员就联系安华镇派出所向安徽警方核实死者亲属情况；同时就有关法律问题咨询了本地有关律师。

调处过程及结果：调解中，俞某表示自己的建筑队刚开始安装塔吊就出了事，还没有赚到一分钱；况且安装塔吊的工人是义乌人陈某的队伍，要赔偿陈某也应该有份的；并且，自己价值几十万的塔吊砸坏了，经济损失也不小；现在还有2个重伤的工人需要救治；要求死者家属在提要求时也考虑一下自己的实际困难。死者家属则坚持要60万元赔偿金额，表示最多只可减少2万元。

针对双方的分歧，调解员提出按法律有关规定办，得到了双方的认可。调解员要求家属代表提供60万元的计算依据，对此，家属代表表示无法提供。调解员于是指出若不能提供死者生前收入依据，就应按照2006年本市职工年平均工资来计算，家属代表表示认可。调解员又从劳动与社保局复印了有关资料，同时派出所也传来了死者户籍资料。

在调解员的主持下，双方进行持续协商，经过整整7天的调解，终于达成了赔偿32万元的协议。双方签字后，调解员又陪同他们到银行，履行赔偿款的支付，当天完成了交付手续。死者家属代表握着调解员的手，连连说感谢！

案例点评：按《中华人民共和国劳动合同法》第二条的规定，现行《中华人民共和国劳动合同法》适用于中华人民共和国境内的企业、个体经济组织、民办非企业单位等组织及与之形成劳动关系的劳动者，国家机关、事业单位、社会团体和与其建立劳动关系的劳动者。本案属于典型的雇员人身损害赔偿案件，《最高人民法院关于审理人身损害赔偿案件适用法律若干问题的解释》第十一条的规定："雇员在从事雇佣活动中遭受人身损害，雇主应当承担赔偿责任。"就本案而言，俞某作为雇主，应当对其雇用的因工伤亡的工人负赔偿责任。因此，安华镇调委会对本案的处理方案符合我国相关法律规定，也收到了较好的社会效果。

通过此案，需要注意的是，一些建筑领域的工程项目部、项目经理、施工作业班组、包工头等并不具备用工主体资格，不能作为用工主体与劳动者签订劳动合同，因此，为了保护广大农民工的切身利益，在从事建筑领域工作时一定要与有资质的用工单位签订劳动合同，这样才能保证在劳动者出现安全事故时得到及时的治疗，而不至于索赔无门。另一方面，因包工头不具备足够的经济实力，安全措施也往往存在疏漏，一旦所雇用的工人发生事故，其赔偿能力是极其有限的，建议包工头可以按照《中华人民共和国公司法》要求，尽快把属于自己的劳务公司建起来，完善劳动合同制度，才能在越来越规范的市场中生存下去。

通过本案，我们提醒广大雇主、雇员，尽可能投保"人身意外伤害保险"，这样对雇主来说可以减小赔偿风险，对雇员来说也能最大限度地保障自己的合法权益。

（本案例由安华镇人民调解委员会提供，浙江永大律师事务所王立忠、毛丹娟点评）

⑪

三兄弟赡养老母纠纷巧化解

案例介绍： 2007 年 7 月的一天，一位年过八旬的老婆婆钟某在同村妇女的搀扶下来到陶朱街道人民调解委员会，投诉三个儿子不尽赡养义务，请求调委会帮助解决。

得知此事后，街道调委会工作人员及时到老婆婆村里进行了调查，对其三个儿子进行了走访。走访发现，钟某的三个儿子并非不愿尽孝，而是兄弟间意见不合，在以下问题上存在矛盾：一是母亲居住房屋的所有权归属问题；二是母亲日常生活服侍问题；三是老大付给两个弟弟的房屋作价费问题。由于上述问题，兄弟间不能达成一致意见，直接导致了赡养纠纷。

调处过程及结果：2007 年 8 月 2 日，钟某及其三个儿子应约来到了陶朱街道人民调解委员会，街道调委会先让老人和三个儿子表达自己的真实想法。老人表示希望三个儿子共同赡养，儿子们表示在解决矛盾的基础上愿意承担赡养义务。街道调委会指出，赡养老人是子女的法定义务，也是社会道德规范所要求的，为了自身利益而不履行赡养义务，是与法律和道德背道而驰的，同时也希望三兄弟能够借这个机会，本着互相照顾、互相理解、互相退让的原则，解决矛盾纠纷。调解委员会重点围绕兄弟间引发矛盾的三个问题进行引导和调解，提出了谁照顾老人，老人房屋就归谁所有；谁方便就由谁照顾老人起居；赡养费用均摊；房屋作价合理支付等建议，得到了老人和三个儿子的认同。三个儿子当场表示愿意和解，尽孝母亲，并达成了以下协议：①由大儿子照顾母亲生活起居，母亲所有的 75 平方米安置房归其所有，并支付母亲百年后该房应付费用。另外，支付两个弟弟每人 1 万元房屋作价费。②老人生活费用每月 300 元及生病治疗费用等，由兄弟三人均摊。

案例点评：赡养纠纷是农村常见的一类纠纷，但在这起纠纷中，兄弟三人对赡养问题并无主观上的排斥，只因彼此间的矛盾致使老人一度无人赡养。针对这一情况，调解委员会能够抓住导致纠纷的主要原因展开调解，取得了很好的效果。

大家都知道当情与理起冲突时应当服从理，当理与法起冲突时应当服从法，但不考虑情、理仅用法律的手段来解决同时涉及情、理、法的纠纷，虽然在法律上很合规定，但可能没有真正解决问题，没有消除症结。本案例又一次说明，通过协商、调解解决纠纷，尤其是那些亲属之间发生的纠纷，对于稳定社会秩序，从根本上化解矛盾，构建和谐社会具有重大作用。

（本案例由陶朱街道人民调解委员会提供，浙江司正律师事务所张恒点评）

⑫

换届选举引纷争　及时调处促安定

案例介绍：2008 年是村级组织换届选举年。4 月 25 日是璜山镇和平村村委会选举投票日，中午时分，投票结束后，该村在村部大楼（坐落于泰村自然村）唱票。其间围观群众因对其中一张选票是否可有效计票一事发生争执，在未等工作人员按选举办法做出解释的情况下，沈某、吴某、袁某等十余人发生冲突，沈某将手中的南龙口杯扣在吴某的头上，造成吴某头皮破裂、血流满面，袁某等人见状即围攻沈某，造成沈某一颗门牙脱落和两颗门牙Ⅱ度松动，周身软组织挫伤。吴某和沈某二人伤后相继被分别送往浬浦医院和诸暨市中医院医治。吴某住院治疗 19 天，花去医疗费近 3000 元；沈某住院治疗 11 天，花去医疗费近 7000 元，且尚有三颗牙齿需修复。事件发生后，璜山镇派出所同璜山镇人民调解委员会为确保选举工作的顺利进行，立即赶到现场进行调查取证，有效制止了事态的进一步发展。调查发现吴某、袁某等人是村委会主任竞选人陈某的支持者，沈某等是村委会主任竞选人沈甲的支持者，且二沈为同胞兄弟。当天选举唱票后结果为沈甲落选，陈某胜出，事后调解员进一步了解到，新当选的村委人员认为，本次事件是蓄意制造，其目的是干扰和破坏选举。而沈甲等人则认为陈某在本次村委会竞选中动用了社会多方力量。双方各执己见，并初显可能引发群体性事件的重大不稳定因素。

调处过程及结果： 2008 年 5 月 15 日下午，随着吴某和沈某的相继出院，公安机关传唤了吴某、沈某、袁某等人。吴某因无伤害其他人行为，做完调查笔录后即回家，而沈某等因未能对该群体性伤害案的过程做出详细说明而被公安机关留置。从当天下午 3 时起到次日中午时分，事实基本明了后，办案民警欲对沈某及袁某采取治安拘留处罚。得知上述情况后，镇调委会主动与派出所联系，认为该案如处理不当，易激化群众矛盾、引发群体性事件，要求在查明事实的前提下，放还被留置人员，由镇调委会组织协调处理。当天镇调委会组织沈某、袁某等人学习《中华人民共和国治安管理处罚法》及《中华人民共和国村民委员会组织法》等法律法规，分析了该伤害案发生的主客观原因，并明确指出人身伤害是必须承担民事赔偿责任的，且从本次纠纷发生的时间、地点、动机上分析，符合接受治安处罚的特征。同时指出如果对本次纠纷认识不足，将可能引发进一步的群体性事件，后果将十分严重。调解员要求沈某、袁某等回去后认真思考是否接受调解，同时希望做好其他参与人员的工作。调解员的法制理念讲解和对该案件的分析认定，得到了双方当事人的充分认可。2008 年 5 月 26 日上午，镇调委会召集双方进行面对面的调解，由于事前做了大量思想工作，及时有效地排除了外围影响。调解开始后，双方当事人很快就达成共识，由沈某承担吴某的医疗、误工、误餐、陪护费，由袁某等承担沈某的医疗（包括牙齿修复费）、误工、误餐、陪护费。在友好的气氛下，双方很快签订协议并当场得到了兑现。

案例点评： 村级组织换届，特别是村民委员会换届，是执行《中华人民共和国村民委员会组织法》的法定行为，切实搞好换届选举工作，选好村民委员会自治组织是实现村民自治、保一方平安、富一方百姓的需要。同时村民委员会选举，虽体现了人民民主的格局，也易引发一些社会矛盾和不稳定因素。

如上述纠纷的发生，既有其偶然性，也有其必然性，如不及时化解，容易造成群体性事件，影响社会安定大局，影响行政村正常工作的展开。如果调委会没有充分认识此次纠纷的性质，只作为一般纠纷调处、简单从事，纠纷的调处将会困难重重，同时也会给社会安定留下隐患。所以对这类纠纷的调解光做好当事人的工作是远远不够的，须同时做好社会各阶层的工作，排除各种社会阻力，才能有效化解纠纷，不留隐患。璜山镇人民调解委员会本着维护社会稳定，建设和谐社会的目的，组织双方调解，并最终使双方在友好的气氛下，达成和解，这种做法值得肯定。

本案的调解处理过程，充分体现璜山镇人民调解委员会依照《人民调解委会员组织条例》的立法宗旨，灵活运用"枫桥经验"，及时调解民间纠纷，增进人民团结，维护社会安定的工作水平和艺术。

（本案例由璜山镇人民调解委员会提供，浙江博凡律师事务所傅先祥点评）

⑬

骑三轮无心铸错　促双方宽容解怨

案例介绍：2007年10月21日晚8时左右，孟某驾驶三轮摩托车带丈夫俞某从应店街镇十二都村回应店街寨头村，在应紫公路弄皇塘路段，与逆向骑二轮摩托车带妻子和女儿的章某相撞，导致章某重伤后抢救无效死亡，章某妻子方某左脚骨折，女儿轻伤，造成了惨重的后果。事发后，双方就赔偿问题发生了严重分歧，数日不能解决，并成了一对冤家。孟某一方认为，章某驾驶存在违章行为，应负事故主要责任；章某妻子方某认为，孟某也存在违章行为，并造成了严重后果，应负主要赔偿责任。

调处过程及结果：2007 年 11 月 13 日，双方当事人来到陶朱街道人民调解委员会，申请调解。街道调委会认真听完双方陈述的事实经过和引发争议的主要矛盾后，立即向交警队负责该案件的同志询问情况并调取案件报告，全面客观地掌握基本事实。通过细致分析和查阅相关赔偿规定，调委会认为应该立足于三个方面做好工作：一是情绪安抚；二是对事故原因的客观陈述和调解的利好分析；三是确定合理的赔偿数额。在调解会议上，调委会向当事人说明了事故发生的偶然性和非故意性，引导双方应本着互相理解宽容的态度来解决问题，孟某也向方某表达了歉意。随后，调委会客观分析了事故原因，提出了调解意见，希望双方能够本着从快、从简、有利于善后处理的原则来解决问题，得到了双方认可。最后，根据赔偿规定和双方意愿，达成了调解协议：①孟某支付死亡赔偿金 21 万元，在协议生效日、2007 年年底、2008 年 6 月底、2008 年 12 月底分别支付 10 万元、1 万元、5 万元、5 万元，方某在获赔后自愿放弃其他要求和诉讼权利；②方某及女儿的相关赔偿费用在伤愈时由孟某另行赔偿。

案例点评：交通事故造成人员伤亡，给双方当事人都造成了较大的心灵创伤，调委会能够充分发挥心理引导和客观评述相结合的方法开展调解工作，一次性成功调解了数日僵持不下的纠纷问题。对于孟某一方，通过调解减轻了其一次性支付赔偿款的压力；而对于方某一方则可使赔偿款能够及时有效到位，取得了较好的社会效果。

（本案例由陶朱街道人民调解委员会提供，浙江司正律师事务所王琛点评）

枫桥
经验

之人民调解案例故事

①

浙江省诸暨市枫桥镇人民调解委员会概况

　　浙江省诸暨市枫桥镇人民调解委员会创建于 2002 年，有 3 个人民调解办公室及人民调解档案室。镇级设现场视频录制的老杨调解中心和枫桥镇调解志愿者联合会及娟子工作室。镇级人民调解委员会有专职调解员 7 名，其中 1 名为国家级优秀调解员，2 名为市级优秀调解专家。枫桥镇人民调解委员会于 2017 年获得了全国模范调解委员会称号。镇政法委书记任调委会主任。

　　2002 年后，枫桥镇人民调解委员会下属陆续成立居委会、村委会人民调解委员会共计 31 个，企业人民调解委员会 26 个，行业性人民调解委员会 5 个。全镇每年平均调解矛盾纠纷 1110 件左右，经济总额约 3000 万元人民币。

　　枫桥镇人民调解委员会现在主要调解的矛盾纠纷是劳资纠纷、邻里纠纷、小型或重大交通死亡事故纠纷、生活生产中意外伤亡事故纠纷、工伤纠纷、医疗事故纠纷、债务纠纷、损害赔偿纠纷、诉前纠纷调解、家庭赡养抚养纠纷等一系列社会转型升级期间产生的矛盾纠纷。

　　枫桥镇人民调解委员会传承毛泽东同志 1963 年题词的"枫桥经验"，并且与时俱进，在新时代履行习近平总书记 2013 年对"枫桥经验"升级版的要求。"小事不出村、大事不出镇"，为落实这句化解矛盾纠纷的口号，枫桥镇一直不断进行探索和创新。近年来，镇党委政府按照分级调处、归口分流、整合联动的原则，建立起了一套责任明确的矛盾调处模式。分级调处，就是镇、管理处、村（居、企）三级调委会分级负责纠纷调处；归口分流，就是分线分职能落实调处责任；整合联动，就是对重大疑难案件整合一切可用之力联合调处，破解当前矛盾纠纷由政府一肩挑的难题。这整套行之有效的经验，已成为化解农村矛盾纠纷的助推器。

枫桥镇人民调解委员会指导创设的甄别矛盾纠纷受理范围、村级分级调处、矛盾纠纷网格化管理、疑难案件大调解等处理方法使调解成功率和当场兑现率几乎达到百分之百。

2008 年，枫桥镇人民调解委员会组建了老杨调解工作室（后改名为老杨调解中心）。2010 年，该工作室升级为以专业调解人员为主，社区民警参与，特邀调解员辅助，志愿者联动的老杨调解中心。2015 年，为进一步调动人民群众共同参与调解工作，枫桥镇人民调解委员会又组建了枫桥镇调解志愿者联合会，联合会有调解志愿者 110 名，分布在枫桥镇各个村企。调解志愿者成为协助人民调解员及时调处纠纷的一股强大助力。2016 年，枫桥镇人民调解委员会下属又成立了枫桥大妈联合会，在化解涉及全镇妇女维权等家庭矛盾纠纷方面起到功不可没的作用。2017 年 7 月，注册了娟子工作室，专门受理、接待来电来访群众的法律咨询，进行现场调解等事宜。

以上各个调解组织的调解员们始终坚持思想上热爱群众，感情上贴近群众，行动上服务群众，工作上依靠群众的工作理念，奋战在维护社会稳定、化解矛盾纠纷的一线。老杨调解中心、枫桥镇调解志愿者联合会、枫桥大妈联合会及娟子工作室多次登上中央电视台新闻联播节目和《人民日报》头版头条。全国各地参观团也不断来枫桥考察学习"人民调解委员会"这一创新举措。

枫桥镇人民调解委员会还实行各个部门联动，多元化调解矛盾，并和人民法院对接进行诉前、诉中调解，合力使矛盾纠纷得到解决。2017 年 1 月 15 日，枫桥镇某村的高某因为自家的违法建筑被拆除一时想不通，服农药自杀未遂。高某先后上访到枫桥信访办和枫桥大妈联合会。镇调委会联合枫桥大妈联合会、村和镇的干部及有关部门，经过协商，妥善处理了高某上访事件。实践证明，有些较难解决的矛盾纠纷，只要有关部门联动，充分协商，是不难解决的。

随着互联网的发展和枫桥镇小城镇蝶变的步伐，枫桥镇人民调解委员会又成立了互联网线上调解办公室来调解一些网购中发生的消费纠纷。当事人不需要来到调解室，不受时间的限制，只要登录相关平台就可在网上进行预约调解。网上调解免去了双方当事人的路途奔波，避免了由于面对面接触调解而产生的情绪冲突。

微信这一通讯软件的应用，给人们生活带来了一定的便利。现在有的矛盾纠纷兑现协议上的补偿或赔偿经济款项，当事一方不用再跑银行取现金支付，只要在调解员的见证下，运用微信转账功能，由调解员把现场转账的画面用手机拍照截图存档即可。

枫桥镇人民委员会调解员创立的速度型调解、下村调解、坐镇调解、联合调解等调解办法被推而广之；老杨调解中心调解员访千家万户、说千言万语、吃千辛万苦、想千方百计的"四千精神"被广为传颂。2014 年，老杨调解中心被评为全国离退休干部先进集体，杨光照调解员受到了习近平总书记的亲切接见。2016 年枫桥人民调解委员会的调解团队被评为 2006—2016 年浙江省十大法治人物优秀团队。枫桥镇娟子工作室的帮扶团以及枫桥大妈联合会的妇女维权调解经验被浙江省妇联推广到浙江全省。

随着我国信访工作的深入，枫桥镇人民调解委员会还推行了诉调对接这一调解工作方式。人民群众向政府信访办公室信访反映的疑难问题事项，经过人民调解员的实地了解和梳理解决，使信访案件得到及时化解，让信访人就地快速得到答复。

枫桥镇人民调解委员会除了注重人民调解工作现场结案率外，还注重对人民调解档案的制作保管工作。2015 年，人民调解委员会创新实行了人民调解档案的规范化、现代化。所有人民调解档案都有调解申请书、调解受理登记表、调解告知书、调解记录、调解协议书、调解兑现凭据、调解回访录等一整套调解资料。凡是调解过的纠纷，人民调解委员会下属的调解档案管理办公室可以帮当事人在 3 分钟内查找到档案。一卷调解档案实现纸质档案查询、网上档案查询、微信二维码查询 3 种查询方式。这一调解档案管理工作越来越规范化、创新化，赢得了全国各地人民调解组织机构的认同，并纷纷仿效。

②

老杨与娟子
——一对实践传承"枫桥经验"师徒俩的故事
王晓铭

1963 年 11 月，枫桥区社会主义教育运动试点基本结束。公安部来浙江了解试点中有无捕人的情况，即向正在杭州的毛泽东主席做了汇报。毛主席高兴地说："这就叫矛盾不上交，就地解决。"

11 月 20 日，毛主席在公安部报送的材料上批示："此件看过，很好。讲过后，请你们考虑，是否可以发到县一级党委及县公安局，中央在文件前面写几句介绍的话，作为教育干部的材料。其中应提到诸暨的好例子，要各地仿效，经过试点，推广去做。"

从此，这个当年被毛主席赞许的"枫桥经验"风靡全国，作为全国社会治理的先进经验一代一代传承下来。

半个世纪来，有多少人为了让"枫桥经验"这面红旗高高飘扬，付出了毕生的精力和智慧。

老杨：两次与习总书记握手的退休警官

认识老杨好些年了。10 多年前，笔者曾报道过他的事迹。近日又见到了他，惊奇地发现，老杨依然原来的模样，瘦瘦的脸庞，头发乌黑，只是腰板更直，浑身始终保持着一名转业军人的气质。

老杨哈哈大笑："是吗？我告诉你一个健康的秘诀，这就是多做好事，多为群众办事，古代人说的仁者长寿就是这个道理。"

在枫桥，杨光照的名字家喻户晓。被当地人亲切地称为"阳光照"的这位枫桥派出所退休民警怎么也想不到，他的人生会与枫桥这个不起眼的小镇有着不解之缘，而且他的人生辉煌竟在退休后。

杨光照 68 岁了。他有着 18 年的军旅生涯，1986 年，老杨以营职干部的身份转业到地方，来到枫桥派出所当一名普通民警。从警 24 年来，老杨不改军人的正气，在枫桥派出所出色工作，先后荣获全省、全国优秀人民警察，浙江省"人民满意"十大杰出民警，浙江省优秀共产党员等荣誉。

2010 年 8 月，杨光照到了该退休年龄。他脱下警服换上了便服，准备回家安享晚年。枫桥镇政府和枫桥派出所极力挽留他：老杨，枫桥人民需要你，继续发挥余热吧。

返聘需要一个名分吧？在公安部门的策划下，专门为他成立了老杨调解中心。于是，从警岗上退下来的老杨一天也没有休息，又在老杨调解中心上岗了。

说起老杨调解成功的案子，那是几天几夜都说不完的。有人做了不完全的统计，至 2017 年，老杨调解中心调解的群众纠纷案例多达 3000 余件！

一个人的个性决定他的格局。老杨待人接客总是带着标志型的微笑，因为他的内心是善良的，处事是公正的，所以群众邻里有纠纷、心中有怨气都来找老杨，而老杨三下五除二就能调解好矛盾，纠纷、怨气也都很快烟消云散。不为别的，就是看在老杨这个真正的共产党员的面子上，人家退休了不在家里安享晚年，天天从城里家里坚持来上班，为枫桥人民治安出力。

成为枫桥名人的老杨，说起自己的出名经历，总是神采飞扬地提到习近平总书记："我和习大大握过两次手。"这让周边人羡慕不已。当然，聪明的老杨最后会总结说："啧啧，这也是咱枫桥人的光荣！"老杨早就把自己当成枫桥人了。

2002—2007年期间，习近平主政浙江，他对如何深化"枫桥经验"十分重视，多次来诸暨视察工作。2003年，纪念"枫桥经验"40周年之际，习近平时任浙江省委书记，到枫桥派出所视察。老杨至今记得习总书记很和气地与他及派出所每一位民警握手。"习总书记十分亲民，他总是尽量和群众在一起。我真没想到，10年后我还能与习总书记握手。这在诸暨乃至全省也是少见的。"

2014年11月26日，中央电视台新闻联播头条播报了"习近平会见全国离退休干部先进集体和先进个人代表"的新闻。杨光照作为先进集体的10名代表之一上台接受表彰，站在第一排和中共中央总书记、国家主席、中央军委主席习近平握手并合影留念。杨光照说："心情太激动了，握手的时候还对着他说了句——我来自浙江！"

人生在世，能获此殊荣足矣。枫桥一位老教师为老杨题诗："最乐莫过为百姓，至德当数想别人。"

其实，老杨也有忧虑，在夜深人静时，他辗转难眠，老杨调解中心的几位工作人员都是奔七的老同志，时代在发展，社会在进步，需要有年轻人来接班，"枫桥经验"的传承大旗更需要年轻人来扛！

娟子：把握生命里每一次感动

现在该我们的另一个主角出场了。她就是东白湖镇殿南村党

员蔡娟。蔡娟名如其人。中国文字中的"娟"指女子的容貌秀
丽、姿态柔美。

蔡娟今年37岁，个子只有1.5米左右，说话做事风风火火，
很爱笑，一张娃娃脸还没有说话就露出真诚的笑容，谁见了都
喜欢。

杨光照和蔡娟，一个在枫桥镇，一个在东白湖镇，相隔几十
公里，他们的相识是缘由《诸暨日报》上的一篇文章。

2011年11月8日出版的《诸暨日报》第3版"暨阳警方专
版"，刊登了一封读者来信《警方报道让我感动》。

> 编辑同志：
>
> 　　今年的"暨阳警方"我每期必细读。读了上期的
> "暨阳警方"，很感动。报道中，谢建平局长对公安工作
> 和公安民警的要求深深打动了我，他说的"时刻保持和
> 群众的深厚感情和从百姓视角去看待问题"讲得真好。
> 正是有着这种要求才使我们诸暨有了像杨光照这样的全
> 国优秀人民警察。
>
> 　　说真的，我以前对警务工作一点都不关心的，直到
> 今年在工作中碰到了杨光照，他的热情为民和工作方式
> 真让我佩服。还有，今年在身边发生了一件小事，一位
> 义乌的老人迷路了需要帮助，群众打了浬浦镇派出所的
> 电话后，派出所的蔡警官他们火速赶到，热情地把老人
> 送回义乌。这事经《诸暨日报》报道后，感动了很多
> 人，义乌媒体还特地采访了那个蔡警官，但他却说，这
> 是我们公安民警应该做的。
>
> 　　　　　　　　　　　蔡娟　东白湖文保处

此时，蔡娟正在东白湖镇千柱屋当导游。蔡娟年纪不大，经
历丰富，她当过教师，做过记者，从事过多种职业。师范毕业的

她平时酷爱学习，业余时间喜欢读书写作。正是这篇文章，使她认识了心目中的英雄杨光照，并与之成为忘年交。

2015年，古道热肠的老杨对蔡娟说，枫桥镇正缺少一名调解员，你愿意来吗？

此时，蔡娟正处于人生最低谷。她所在的民营教育培训基地正处于转轨期，她的情绪低落。老杨提供的信息无疑让蔡娟燃起了希望：我当然愿意来！

经过面试考核，蔡娟如愿以偿应聘来到枫桥镇调解志愿者联合会，担任人民调解员。

"把握生命里的每一分钟，全力以赴我们心中的梦；不经历风雨怎么见彩虹，没有人能随随便便成功。"蔡娟哼着歌欢天喜地来到枫桥司法所。人们很快发现这位个子矮小的小女子充满着工作激情。她每天第一个来到办公室，打扫好房间，打好开水，准备好迎接群众来访。

情商颇高的蔡娟属于那种"给点阳光就灿烂"的快乐女子。丰富的职业经历让蔡娟在开展人民调解时如鱼得水。她似乎有着旺盛的精力，在参与调解、打印协议、整理档案等工作中得心应手。很快，枫桥镇党委政府就注意到这位新来的调解员的出色表现。

2017年初，金均海履新枫桥镇党委书记。新书记一上任就思考一个重大课题：如何在新时期深化发展"枫桥经验"。老杨调解中心的成员都是退休人员，在新时期，需要年轻人来举旗接班。

在他的提议下，枫桥镇政府和镇妇联因势利导，为蔡娟成立了娟子工作室，这也是继老杨调解中心之后第二个党员工作室。

与老杨一样，蔡娟的故事很多，几天几夜都说不完。在这里，笔者就简要地说说她如何跨省扶贫的故事吧。

来自安徽省淮南市凤台县的靳千广和他的妻子马红梅10多年前来到诸暨大唐打工，小两口辛辛苦苦工作，为的是让自己家人生活得更好。不幸，前几年靳千广因患糖尿病并发症，双目失明。妻子马红梅顶起了家，一边为丈夫赚钱看病，另一方面还要培养儿子。因为儿子已上初中，加上家里老人身体不好，去年，小两口只好回到安徽老家，但是一家的生计成了问题。

今年，靳千广到杭州看病时，无意间听到了浙江广电局 FM93"一路有你"的节目，就打了电话进去，请媒体伸出援手帮他们渡过难关。于是，就有了娟子工作室资助的由头。

其实，在如何帮扶上，蔡娟思量许久，她要实行"精确扶贫"不是送几个钱那么容易。

蔡娟通过娟子工作室的粉丝为他们筹集了 5500 元办起了小卖部。两三个月下来，小店有了起色，每天能赚个百把元钱，一家人的生活有了保障。靳千广就有了赴诸暨来感谢娟子工作室的念头。

在枫桥工作的两年间，娟子每时每刻享受着快乐。"赠人玫瑰，手留余香"，在帮助别人的同时，她也享受到了快乐幸福。熟识她的人都惊异，娟子变得更开朗漂亮了。

2017 年 6 月，在省妇联召开的全省妇联系统权益保障暨"平安家庭"工作会议上，娟子工作室负责人蔡娟作为绍兴地区代表在会上做了经验介绍，当过教师、当过导游的娟子口才自然了得，她的发言获得了省妇联和与会者的肯定和赞许。

枫桥继老杨调解中心之后又有了女子版的娟子工作室。《绍兴日报》《诸暨日报》《浙江日报》和诸暨妇联微信公众号纷纷报道，娟子工作室成为网红，一夜成名。

师徒俩：薪火相传长征接力

最后让我们说说老杨与娟子的故事。

当老杨第一次见到娟子，就打心底里喜欢上了。他认定这个浑身充满青春活力的娟子是他的接班人。

随着年龄的增长，老杨感觉自己越来越力不从心了。有时一个案件他们往往要几天才能搞定。如今已进入了信息时代、电脑、互联网、手机微信等电子技术让他们应接不暇。蔡娟作为后生辈，往往调解刚刚结束，就已把调解协议写好打印出来，让双方当事人签字。老杨调解中心多年来的调解案件材料堆积如山，一直没有整理归档。蔡娟天天加班，仅用了几个月时间就全部整理归档。擅长写作的蔡娟还用空余时间写"枫桥调解故事"，准备出书……

所有这些，让当过兵的老杨真正意识到文官动动笔，武官打脱力，作为他的徒弟，娟子是不二人选。但小树长成参天大树需要培土浇水。老杨开始"敲打"娟子了。

一天，在聊天中老杨问娟子："近来工作如何？对这份工作有什么想法？"

"不错，这份工作安稳，我喜欢稳定的工作。"蔡娟因年少轻狂，之前工作多次转换，她渴望有份体面而稳定的职业。

老杨严肃地说："你的想法可以理解，但你不能把它仅仅作为一份职业。'枫桥经验'是经毛主席亲笔批示的典型，你想想，毛主席一生中批示的文件有多少，为什么'枫桥经验'到现在还不断在发展，就是有一大批人为了传承'枫桥经验'付出了毕生的努力。娟子，人的一生很短暂，能做好一件事不容易。"

老杨一席话，让娟子醍醐灌顶。在枫桥的日子里，娟子时时听到群众对老杨的赞美声，一个退休民警，不愁吃穿，不缺钱花，劳碌奔波只为了枫桥老百姓的和谐生活。娟子从内心敬佩老杨，拜老杨为师，在公众场合上尊称老杨为师傅，这让老杨很是欣慰。

老杨也把自己多年来的调解经验无私地传授给娟子：①要做好调解工作得有一张包公脸，公开、公正、公平，合情、合理、合法，铁面无私，公正断案；②有一颗慈母的心，热心、耐心、虚心、善做群众工作；③有一张婆婆的嘴，千言万语、千家万户、千方百计、千辛万苦，不厌其烦做好当事人的思想工作；

④做当事人知友，善于依法疏导、以理说服、以德诱导，真心实意做化解矛盾的贴心人。

没有一代人的青春是容易的，一代人有一代人的使命。

蔡娟清晰地意识到，传承"枫桥经验"的重任落在了她们这代人身上。

很快，枫桥人看到了新生代娟子的杰出表现，当然，她也会干出一些"离经叛道"的事来，让"老杨们"大吃一惊。如娟子在调解工作干得顺风顺水时，突然到枫桥镇新开辟的商业街去租两间店铺。"怎么，娟子要做生意了？"是的，娟子是想做生意，但主要是为群众买卖搭桥。家住东白湖的娟子看到许多茶农苦于销售渠道不畅通，有机茶叶销路难，而娟子玩转微信，手头有不少客户资源，何不为群众排忧解难呢？还有，她又异想天开，拿出自己的工资和赞助，在枫桥镇办起了公益书店……

这是不是有点不务正业？

好在娟子的"出格"行为得到了枫桥镇党委书记金均海的支持。

金均海说，我们枫桥有47个社会组织机构，要把群团组织发动起来，努力打造平安浙江示范区。以前我们的"枫桥经验"是调解矛盾，现在我们要把公益做起来。党委政府要多关注民生，让群众有更多的获得感。这也是党委政府力推娟子工作室的初衷。

有了"尚方宝剑"，娟子工作更有激情了。从法律援助、普法宣传到公益活动，娟子工作室承接的工作更多了。不过，为弱势群体提供法律维权服务仍是娟子工作室的首要工作。娟子工作室挂牌当天，其微信公众号也同步上线。短短几个月，就有5000多位"粉丝"。

娟子工作室还联合诸暨市孝德文化研究会，成立孝德宣讲团，举行孝德文化进校园活动等。2017年7月，娟子工作室积极参与诸暨市妇联推出的"七彩玫瑰"项目。除了做公益，娟子工作室还举办家政服务技能培训班，邀请各路专业技术人员给妇女们上课。家政护理、电子商务培训、急救应用知识等实用性的培训班，场场爆满。

"枫桥经验"是不断发展的，每一个时代都有不同的"枫桥经验"的解读。当然作为传承"枫桥经验"的人来说，亦是如此。娟子很年轻，做事还有些许年轻人的张狂。所幸师傅杨光照给予了理解和宽容，谁不是从年轻时代过来的？

（摘自《绍兴日报》2017 年 8 月）

③

创新应变是"枫桥经验"发展的永恒主题

绍兴市政协提案委主任　柴英龙
绍兴市政协委员、富润控股集团董事局主席　赵林中

唯物辩证法告诉我们，事物总是在发展变化，在变化中发展，并逐步向更高境界，更宽领域，更科学、更合理的方向递进的。"枫桥经验"在不断地创新和完善中前进，从而实现真正意义上的与时俱进，同样印证了这一马克思主义唯物辩证法的观点。

"枫桥经验"根植于农村基层，她的发展，自然与农村基层的社会变革相关联。那么，今天的农村基层又有哪些变化和特点呢？

首先是调解对象发生了变化。50 多年前的调解对象，几乎是清一色的农民，而且还是文化水平比较低的农民。如今的调解对象却有了本质的变化。细加探究，笔者认为目前的调解对象至少是由五大类群体组成的：一是新型农民群体，这代新型农民群体

有文化、有思想、敢作敢为；二是个体经营户，或承包农田，或承包林地，或承包山坡河塘，或从事经营活动，走南闯北，不但有文化、有思想，而且见多识广、信息灵通、交往广泛；三是企业职工，这类人群工作在企业、生活在村落，开汽车上班、骑摩托下田，城镇和农村两头居住，生活半径很大；四是外来务工人员，这类人群来自五湖四海，构成成分复杂，素质参差不一，工作生活在当地，户口在老家，是农村基层纠纷调解、社会治安维护的重点对象；五是城中村改造安置户，这类群体相当一部分没有承包田，在城镇又无固定工作，以自谋职业为主，但根仍然在农村。调解对象的复杂性决定了调解工作的艰巨性。

其次是调解内容发生了变化。50年前的生产资料和生产关系决定了农村基层调解内容主要集中在邻里纠纷和社会治安，而如今的调解内容涉及经济纠纷、劳资纠纷以及各种层出不穷的社会治安、社会矛盾、利益诉求等。虽然人们法律意识在不断提高，法律法规本身也日益完备，但基层调解工作也面临着严峻的挑战。

再次是调解工具和手段发生了变化。从过去单一的"老娘舅"式的调解和相对单一的司法调解，发展到如今日益完备的法律思维，加之互联网、大数据、云平台时代的到来，对基层社会治安、综合治理、纠纷调解提出了新的更高的要求。在处置过程中，稍有不慎，就会使事态发展演变成恶性事件。

因此，创新"枫桥经验"，并使之长期可复制、可推广，必须根据不同对象、内容、环境和条件，赋予其新的内涵和方法。只有这样，才能使"枫桥经验"永葆青春、常抓常新。

那么，"枫桥经验"如何实现创新呢？笔者认为概括起来是四句话十六个字，即小事依规、大事依法、网格管理、知良树德。指导思想是两句话：一是走群众路线，二是靠法治思维。落脚点仍然是就地化解矛盾、基层解决问题。

在坚定不移地依靠群众、强化法治思维的思想指导下，为了达到就地化解矛盾、基层解决问题的根本目的，需要我们践行的是：

小事依规。这个规，既是规矩又是规章。也就是在调解过程中，在采用合情合理的方法和手段的基础上，各村、厂要完善和制定村规民约、厂规厂纪。防止在调解中随心所欲、方法简单、激化矛盾，使简单问题复杂化，小问题酿成大问题。所谓没有规矩不成方圆，而立规的指导思想要做到"三个有利于"，即有利于群众的根本利益；有利于保一方平安，营造和谐的社会环境；有利于人民群众生产生活的便捷和安全感、幸福感、获得感的增强。

大事依法。也就是按照习总书记提出的"善于运用法治思维和法治方式解决涉及群众切身利益的矛盾和问题"。当前农村基本情况与 50 年前已大不相同，随着法治社会建设的不断深化，依法、讲法、守法已融入农村经济活动和基层组织建设的各领域。群众工作对象及其利益诉求更加多样，许多"单位人"变成"社会人"。群众"隐私"理念和权利意识增强，尤其在经营活动中，涉及经济纠纷的额度越来越大，如非法集资、电信诈骗、诚信缺失，这些现象显然已无法依靠传统调解方式得到化解，只有运用法律武器，才能做到公正公平，经得起时间的检验。

网格管理。就是从村、厂到镇建立纵向到底、横向到边、信息畅通、保障有力、反应灵敏、便捷高效的网格化管理体系。通过大数据对各村、厂的现状进行实时了解，编织好社会治安、综合治理的安全网络。要做到小事不出村，村里必须要建立完善的村规民约、调解机构和社会综合治安管理机构。与此相适应的各类企业，也要构建完备的治理架构和组织体系，做到有章调解，有规处理，有情化解，有为工作。所谓大事不出镇，镇里要有完备的司法机构、仲裁机构、调解机构，针对不同性质、不同对象的人和事，采取不同的处理方式，因村、因厂、因人、因地制宜，实施镇、村、厂联动管理，确保基层治理和平安建设生根落地。

知良树德。在新形势下，要使"枫桥经验"永放光芒，教化群众，知良树德是关键之关键，根本之根本。只有提高群众的思想修养、道德情操、综合素质，敦促群众自觉地守法懂规，才能实现民风的根本好转、社会的长治久安。长期以来，各级党委、政府对丰富完善"枫桥经验"多有探索和创新，也涌现出不少好做法、好经验，且在实际工作中得到了验证。实践证明，教化育人切忌空对空，切忌盲目地说教灌输，而应该因人施教，使教育感之于心、动之以情、晓之以理，让良好的思想修养和行为准则、村规民约、法律法规入脑入心，浸润到骨髓里面，成为工作生活和思维的习惯，即"以文化人，以德润心"，才算教育成功。从当前农村的现实情况看，特别需要注重发挥三大阵地（载体）的作用：一是发挥村文化礼堂的作用。要让文化礼堂作为传播社会正能量的阵地，让广大村民在文化礼堂开展的各类活动中接受教育、提升素质。二是发挥企业文化的作用。通过企业党团工妇等组织的建设和各具特色的活动开展，让这些组织都能通过自身优势的发挥营造好"积极乐观、正面向上、团结和谐、奋发进取"的企业文化氛围，让企业真正成为职工受教育的主阵地。三是发挥传统文化的作用。把传统文化中讲仁爱、重民本、守诚信、崇正义、尚和合等核心思想理念和积极健康的家训家规通过孝德文化、村落文化、宗族文化、家庭文化、乡贤文化等平台和载体弘扬传承好，把千家万户的家风建设抓好，帮助群众提高孝德理念，自觉遵守乡风乡规，形成互帮互爱、互敬互尊、互让互礼的风范和情操。

综上所述，笔者认为，只有在发展中创新、在创新中提升，才能永葆"枫桥经验"的青春和活力。创新应变，是"枫桥经验"发展的永恒主题。

④

"枫桥经验"再升温：有矛盾在当地解决

枫桥，浙江诸暨的一个小镇。如今，发源于这个小镇的一条经验，已经被全国学习了半个世纪。这条治理社会的经验，与习近平倡导的"走群众路线"一脉相承。

专家认为，当前多方利益诉求和社会矛盾复杂，社会治理问题日益突出，"枫桥经验"为解决这些问题提供了思路。

浙江省诸暨市正在强制拆除城乡所有违建，这项工作引发诸暨上下震动。作为全国有名的富裕地区，诸暨集中大量民营企业。小厂房、小企业很多，违法占地和违法建筑不少，一次性拆除，各方抵触情绪很大。拆违已持续半年，10月临近尾声，没有引发矛盾激化，也没有重大群体性事件，没有上访。

当地官员将此归结为"枫桥经验"的功劳。

拆违建，先拆领导的。

"枫桥经验"的核心是依靠和发动群众，矛盾不上交。

从年初开始，诸暨全市包括市区和农村所有违法占地和违法建设一律拆除，每10天启动一轮新任务，各责任主体每10天必须拆除100平方米，以此推进，直到全部拆完。

诸暨市委政法委办公室主任陈善平说，当地在强制拆除开展之前，就启动了重大决策社会稳定风险评估，走访民意。

由政法委、综治委监督，主管部门负责调查走访，群众反映比较强烈的要求被作为工作要点。比如有些拆违中，对确实影响生产，住房困难的居民，按照政策，落实土地或房屋。

工作启动后，第一步先拆领导干部占用土地违建，其次是党员和普通干部的违建，第三步拆除企业的违建，最后拆老百姓的。

这与拆迁不透明，不彻底，选择性执法有很大不同，老百姓"不患寡，而患不均"，先有纪委介入督办，前面三类人违建先拆，百姓就没有太大怨言。

陈善平说："我们只要依靠'枫桥经验'开展工作，老百姓不会不满意。"

"枫桥经验"源于 20 世纪 60 年代。诸暨市枫桥镇是其发源地。

1963 年 2 月，中央决定在全国开展社会主义教育活动。枫桥的干部群众发现，与其把"四类人"抓起来，交上去，不如说理，让他们在当地接受改造。

最后，枫桥镇没有抓人，让他们在基层接受教育。这与其他地方的做法有很大不同。毛泽东对此肯定说"这就叫矛盾不上交，就地解决"。

随后，公安部派调查组到枫桥总结经验，形成了报告。当年 11 月 20 日，毛泽东批示要求"各地仿效，经过试点，推广全国"。

"枫桥经验"的核心是"依靠和发动群众，矛盾不上交"。
调解要靠"老娘舅"。
成立调解总会和专项调解中心，成员基本为民间人士。
工资纳入财政。

现在通讯发达，人们遇到问题，很容易发微博。要想"矛盾不上交"，并不容易。

记者调查发现，为此，当地整合 20 项社会管理创新项目，分解到各级管理部门。

这些项目包括"重大决策社会稳定风险评估""社会公共服务一体化""矛盾纠纷调解体系""舆情研判导控服务平台""基层信访三诊工作法"等。

为了让矛盾不激化，诸暨市建立"枫桥式矛盾纠纷调解体系"，这个体系的核心是"依靠群众、发动群众"。

诸暨市委、市政府成立调解工作领导小组，下设调解指导中心和调解总会。调解指导中心挂靠在司法局，负责全市的调解机构培训、考核、发放资金等；调解总会则是民间组织，协调工作。

在这两个机构下，各镇每个村成立一个调解委员会，调委会成员都是当地德高望重、有威信的人士，俗称"老娘舅"。工作不白干，每调解成功一个事件，奖励 50 元到 200 元。

陈善平告诉记者，遇到重大事件或矛盾突出的群体事件，调解总会还邀请人大代表、政协委员，举行听证会。

医疗、工商、交通事故等矛盾比较集中的领域，分别成立了 6 个调解中心，它们均为第三方组织，成员也基本都是民间人士。

陈善平说，如果遇到医疗纠纷，当事人可能会比较抵触卫生局介入，但是对第三方调解中心，就更容易接受。

调解员的报酬有的按月领固定工资，有的按调解成功的案例奖励，资金纳入市、镇两级财政。

枫桥镇的杨茂夫退休前曾担任过副镇长、乡党委书记，退休后一直做调解员。

他说，每个村十户推选一位信息员，每月有事没事，都要向村调委会报告社情民意。平时邻里之间的纠纷、小矛盾依靠信息员化解，"事情在萌芽时期，一次骂人，一次打人就介入"。

有些调解员已形成品牌，诸如"老杨""老朱""江大姐"等，他们在当地名声很大。

处理群体事件不派大批警察。

当地意识到，民众法律意识增强，简单粗暴方式已不合时宜。

今年 3 月，枫桥镇钟瑛村，一人骑摩托车将村里一男子撞伤致死，因为赔偿款谈不拢，死者家属组织几车人，准备去闹丧。村里平安专管员骆志军听闻后，遂通知镇派出所。

镇派出所副所长吴嘉军，带上调解员"老杨"、两个民警及村组干部到钟瑛村口，将他们拦下。经劝阻，当事人愿意坐下接受调解。

如果按照原来执法思路，可能会调集警力赶赴现场，而通过平安专管员、调解员，只有五六个人就化解了矛盾。

这是枫桥派出所开创的新模式：建立从派出所到群众家门口的联络线，全镇分为三个警务站，共12名民警，28个村建立警务点，由村内选举的平安专管员负责。

这些平安专管员配备带有定位功能的手机，每个人在哪，警务站均一目了然。平安专管员负责收集信息，上报辖区内的不安全因素，所上报的信息也列入考核。

当地政法部门意识到，民众的法律意识逐渐增强，简单粗暴的管理方法已经不合时宜，用"法治"思维，在"法治"的框架内，解决社会矛盾。

对调解员来说，调解不是没有原则的"和稀泥"，必须依法调解。

在浙江省法学会副会长牛太升看来，应该让更多的社会管理经验，特别是群众自治的经验法律化、制度化，由经验上升为制度，从而形成公开持久的规范。

法制化，老经验换新颜。

高层重视依靠群众化解社会治理难题，解决社会矛盾。

"枫桥经验"一直被中央高层重视。但当前矛盾，已与50年前明显不同。

袁振龙是首都社会治安综合治理研究所副所长，也是"创新发展社会治安综合治理工作，构建'大综治'格局"课题负责人。

他认为，改革开放30多年，相比经济发展程度，社会管理相对滞后。我国将长期面临一些突出矛盾和问题。如城乡、区域发展不平衡，社会分配、流动人口服务管理等。如果这些问题解决不好，就会影响大局。

在他看来，解决这些问题，就要向创新社会管理要答案。这也是社会管理选择"综合治理"模式的根本原因。

中央党校教授向春玲曾受邀前往中南海，和中办有关负责人探讨社会管理创新的思路与对策。她说，近年来，征地拆迁、司法公正、劳资纠纷、医患关系等多方面问题，也是中央如此重视社会管理的催化剂。

对目前社会治理中的难题，高层也很关注。

习近平很重视"枫桥经验"。他从福建调任浙江工作后不久，即赴枫桥调研。习近平认为，走群众路线，这是我党的传家宝。在改革开放新时期，虽然面临的形势任务都发生变化，但"枫桥经验"没有过时，必须坚持群众路线不动摇，依靠发动群众，建设平安社会，解决社会矛盾，促进经济与社会协调发展。

2004年5月11日，浙江省委决定建设"平安浙江"，当地相继创造了综治工作中心、综治进民企、"网格化管理、组团式服务"、民主恳谈、和谐劳动关系创建等工作，"枫桥经验"也被赋予新的内涵。

浙江省政法委一位干部提出，依靠群众的"枫桥经验"与依法办事相辅相成，很多民间的问题，在法律的框架下通过"枫桥经验"能够得到化解。

诸暨市司法局通过对调解员的培训，也提高了调解员的法律意识，在依法的前提下去调解，化解矛盾。

上述政法委干部说："这样才不至于走偏。"

（摘自《新京报》2013年10月11日）

⑤

大力加强婚姻家庭纠纷人民调解工作

近期，司法部会同全国妇联、中央综治办、最高人民法院、公安部、民政部联合印发了《关于做好婚姻家庭纠纷预防化解工作的意见》，对加强婚姻家庭纠纷人民调解工作提出明确要求。

一要建立健全婚姻家庭纠纷人民调解组织。根据矛盾纠纷化解需要，因地制宜推进婚姻家庭纠纷人民调解组织建设。鼓励在县（市、区），由妇联组织会同司法行政机关等建立健全婚姻家庭纠纷人民调解委员会，选聘法律、心理、社会工作等领域的专家、实务工作者和妇联维权干部等担任人民调解员，建立专家库，调解疑难纠纷。在乡镇（街道）、村（社区），充分发挥人民调解组织遍及城乡、熟悉社情民意的优势，选聘专兼职调解员，配备婚姻家庭纠纷调解工作力量，逐步增强调解工作的专业性，立足抓早抓小抓苗头，及时就地化解婚姻家庭纠纷。婚姻家庭纠纷人民调解委员会要以方便群众为原则选择办公地点和办公场所，有条件的基层综治中心应当为婚姻家庭纠纷人民调解委员提供办公场所，办公场所应悬挂统一的人民调解标牌和标识，公开人民调解制度及调委会组成人员。

二要着力建设婚姻家庭纠纷人民调解员队伍。司法行政机关要与妇联组织合作加强婚姻家庭纠纷人民调解员队伍建设。设立婚姻家庭纠纷人民调解委员会专职调解员公益岗位，弥补专职调解力量的不足。加强对人民调解员的专业指导，把婚姻家庭纠纷人民调解员纳入司法行政系统培训计划。通过举办培训班、案例研讨等形式，组织开展社会性别意识、法律、心理、社会工作等多方面的专业培训，支持调解员获得法律职业资格、社会工作者职业资格、婚姻家庭咨询师、心理咨询师等资质，增强调解员促进男女平等，坚持儿童利益优先以及保护家庭弱势群体利益的意识，提高调解员专业能力和素质，打造一支专业水平过硬、调解技能娴熟的婚姻家庭纠纷调解员队伍，在人民调解、司法调解、行政调解以及婚姻家庭辅导等工作领域发挥积极作用。

三要切实加强婚姻家庭纠纷调解工作经费保障。推动落实人民调解法和财政部、司法部《关于进一步加强人民调解工作经费保障的意见》等相关规定，各级地方财政安排婚姻家庭纠纷人民调解委员会补助经费和人民调解员补贴经费，提高保障标准，建立动态增长机制。加快运用政府购买服务的方式，把婚姻家庭纠纷调解工作纳入政府购买服务指导性目录，按照规定的购买方式和程序积极组织实施，并逐步加大购买力度。建立健全"以案定补""以奖代补"等办法，引导激励调解员爱岗奉献，落实好因公致伤致残、牺牲人民调解员的医疗、生活救助和抚恤优待政策。鼓励婚姻家庭纠纷人民调解组织通过吸纳社会捐赠、公益赞助等符合国家法律、法规规定的渠道筹措经费，提高保障水平。

（摘自《人民调解》2017 年第 7 期评论员文章）

⑥

一部宣传"枫桥经验"的新作
黄同春

蔡娟同志的新作《枫桥经验之人民调解案例故事》付梓之前，特意将书稿惠赠我，希望能为她的新作写几句话。我高兴地接受了她的要求，一是因为，我一直关注"枫桥经验"的发展，对宣传推广"枫桥经验",有着义不容辞的责任;二是我为蔡娟的敬业精神所感动。她热爱这一工作,兢兢业业,虚心好学,进步很快。特别是2017年成立了以她名字命名的"娟子工作室"以后,她自己独当一面,更加勤奋忘我地工作,在妇女维权、调解农村矛盾纠纷等方面干得风生水起。娟子工作室开通了24小时投诉热线,凡是有群众投诉或请求她调解的,她都能雷厉风行,在第一时间办理,做到件件有着落,因而赢得了基层群众的好评。为了提高自己的专业水平和工作能力,蔡娟结合工作实际,坚持自学法律,自费到杭州西湖法院学习,并参加了婚姻家庭咨询师培训和心理咨询师培训。蔡娟有着年轻人朝气蓬勃、奋发进取的精神,有着不知疲倦地为民服务的热情,这是难能可贵的。

如今,蔡娟把调解过的案件汇编成书,内容涵盖婚姻家庭纠纷、经济合同纠纷、意外伤亡纠纷、工伤事故纠纷、邻里纠纷、劳资纠纷、遗产纠纷、拆违纠纷等诸多方面。每一则案例故事都有对案情的介绍,案件的调处经过以及对案件调处的点评。这些案例故事是作者对"枫桥经验"深入思考的结晶,蕴含着调解贯穿的法治思想、主要理念、主要原则、重要制度以及调解的方法和技巧等,以通俗易懂的形式,深入浅出地宣传了"枫桥经验",让人们从案例故事中了解枫桥调解与基层社会治理和基层民主法治建设之间的内在联系,品味"枫桥经验"的本质和精髓,为基层民事调解机制的完善提供有益的启发。

什么是"枫桥经验"?"枫桥经验"的本质、精髓是什么?"枫桥经验"为什么历久弥新,具有强大的生命力?下面我就这些问题谈谈自己的看法。

一、"枫桥经验"是什么?

为了深刻理解"枫桥经验",让我们简单回顾一下"枫桥经验"发展的历程。

　　"枫桥经验"诞生于 1963 年的全国社会主义教育运动中。当时，枫桥区发动和依靠群众，对绝大多数地主、富农、反革命分子、坏分子等"四类分子"开展说理斗争，摆事实讲道理，把四类分子改造成有益于社会的新人，采取给出路的政策，表现得比较温和、冷静和理智，并创造出了"矛盾不上交，就地解决，实现了捕人少，治安好"的成功经验，受到当时到浙江检查工作的公安部领导的肯定。在当时大抓阶级斗争、一片政治狂热的背景下，枫桥区的干部群众能有这样的胸怀、勇气和敢为人先的举措，这不能不说是一种大胆的创新。同年 11 月 20 日，毛泽东主席在公安部关于"枫桥经验"的一个文件材料上亲笔批示："要各地仿效，经过试点，推广去做。"由此，"枫桥经验"成了全国政法战线的一面旗帜。

　　1966 年至 1976 年的"文化大革命"时期，尽管"枫桥经验"受到非议，推广工作因此中断，但枫桥的干部群众始终坚信自己的做法和毛泽东主席的批示是正确的。20 世纪 60 年代后期至 70 年代初，先后创造了就地改造流窜犯、帮教失足青少年和一般违法人员的做法。"文革"结束后，又率先对"四类分子"评审摘帽，为全国范围内开展这项工作提供了样板。

　　改革开放以后，进入 20 世纪 80 年代，随着社会的转型、利益的调整，人民内部矛盾突显，民间纠纷大量增加。面对新时期和新任务，枫桥干部群众在发展经济的同时，大力加强社会治安综合治理工作，创建了名为"四前"的社会综合治理工作机制，即"组织建设走在工作前，预测工作走在预防前，预防工作走在调解前，调解工作走在激化前"，创造了"党政动手，各负其责，依靠群众，化解矛盾，维护稳定，促进发展，做到小事不出村，大事不出镇，矛盾不上交"的成功经验，实现了"矛盾少，治安好，发展快，社会文明进步"的良好局面。"枫桥经验"逐步发展成为社会治安综合治理的一个典范。

　　进入 21 世纪，我国进入全面建设建成小康社会、全面推进中国特色社会主义建设的新时期。随着改革进入深水区和社会主义市场经济体制的不断完善，群众的民主意识不断增强，维护自身合法权益的诉求日益强烈。为此，枫桥坚持"枫桥经验"基本精神，突出"以人为本"这一理念，不断创新和发展社会综合治理机制。枫桥对镇级机关进行了运作机制的改革，率先整合综治办、信访室、司法所为统一的综治工作中心，解决了多头管理的体制弊病。不断完善网格化管理和立体化防控体系建设，建立了一支遍布全镇的网格员队伍，运用大数据平台实时监控追踪案件的处置，并把大数据平台引入"四个平台"建设中。在充分运用"四前"工作机制基础上，枫桥创新实施"矛盾化解五分法"：分工负责，维稳责任具体化；分块实施，综合治理网格化；分层掌控，源头预防动态化；分级联动，矛盾化解即时化；分类管理，服务教育人本化，不断赋予"枫桥经验"以新的科学内涵和时代特征。

实施了"包案、包线、包片、包村"的责任制，把综治任务落实到每一个干部，明确了具体的职责，形成了齐抓共管社会治安综合治理和平安创建工作的格局。镇政府成立了以杨光照、蔡娟等为核心的调解组织老杨调解中心、娟子工作室，以公正、公平的调解，赢得群众的信任。枫桥人民法院为了实现"枫桥经验"与法院工作相结合、人民调解与法院审判相结合的创新与突破，提出了"诉前、诉时、诉中、诉后"四环节指导法，全方位指导人民调解工作，促进了调解工作的规范化、法制化。社会上出现了以普通群众为主角的枫桥镇调解志愿者联合会、枫桥大妈联合会等民间调解组织，在做好社会矛盾纠纷调解、服务镇村居民等方面，做了大量卓有成效的工作。充分发挥基层群众自治组织的作用，探索出了富有地方特色的"镇、村、社区三级联动式"调解模式，通过有效的联动机制，在镇政府与村民委员会和企业之间寻找到有效解决纠纷的衔接点，实现了相互配合，信息共享，保证矛盾纠纷的迅速调处。

为了构建符合互联网时代特点的矛盾纠纷多元化调解新途径，枫桥镇人民调解委员会又成立了互联网线上调解办公室，创造性运用现代科技手段，围绕"互联网＋"化解矛盾，在服务模式上积极探索，通过微信公众号、调解热线、微信访谈等方式，为身处异地的当事人双方在线调解案件，化解纠纷，提高了化解矛盾纠纷的效率，大大方便了群众，使"枫桥经验"变得更加智能化和信息化。

通过以上对"枫桥经验"发展历程的简单回顾和梳理，可以看出，"枫桥经验"是一个开放的动态发展的经验，它不断适应不同历史阶段的时代命题和国家发展的战略方针，不断丰富自身的内涵，从对敌斗争经验发展成为以民事调解为主要内容的社会综合治理典范，形成了党委总览全局、政府负责、社会协同、公众参与、人人尽责的社会治理的良好局面，保证了基层社会平安稳定持续向好，增强了人民群众的获得感和幸福感。"枫桥经验"之所以历久弥新，具有强大的生命力，就在于它能够与时俱进，不断适应社会发展变化的趋势，在传统治理模式和现代治理模式之间寻找到一个契合点与有效衔接点。但是，"枫桥经验"也有始终不变的思想内涵，那就是以人为本，紧紧依靠群众，走群众路线。"枫桥经验"在不断发展过程中，始终离不开群众的力量，当前社会矛盾纠纷，如果没有群众的参与和支持，单靠行政手段和法律手段是很难真正解决的。

二、调解在"枫桥经验"中的地位和作用

上面介绍了新时代"枫桥经验"的主要内容是防范和化解基层社会矛盾纠纷。在枫桥，调解成为解决矛盾纠纷的主导方式，司法裁判成为化解矛盾纠纷的最终方式。为了体现调解在"枫桥经验"的突出作用，枫桥围绕调解进行了一系列的理念安排和制度设计。按照"小事不出村，大事不出镇，矛盾不上交"的要求，依靠群众，以调解为手段，尽可能将矛盾纠纷化解在基层。创造

了一系列具体调解工作机制，如矛盾预防的"四前"工作机制，提高调解效率的"镇、村、社区三级联动调解机制"，"四环指导法"下调解和审判的联动机制，为了提高调解效率和方便群众，成立了互联网线上调解办公室。构建了严密的调解体系和调解制度，在纠纷发生伊始，调解人员就可以尽早介入矛盾纠纷，从而把矛盾纠纷化解在萌芽状态。枫桥民间调解的成功经验进一步丰富了"枫桥经验"内容，可以说，"枫桥经验"的核心内容就是化解矛盾纠纷的综合治理经验。

　　枫桥的调解已经深入人心，深得民心，当社会发生了纠纷时，当事人首先想到的是通过镇调解人员来解决，不愿意诉诸诉讼解决纠纷。本书中的一部分案件，如工伤事故案件、人身伤害案件等本来可以进入司法程序，但是没有进入，这就是调解的威力。为什么当事人首选的是调解而不是诉讼呢？这是因为：一是通过调解以友好协商方式解决纠纷，比走法律途径成本更低、时间更省、效率更高、效果更好，及时化解矛盾也有利于人与人之间和平相处。二是调解人员的公正和威望是人们选择调解的主要原因。由镇、村的干部和企业精英构成的调解人员，懂法律，明是非，主持公道，在调处矛盾纠纷过程中树立了权威，当纠纷发生时，当事人很乐意把纠纷交给他们去调解。三是法律诉讼不是纠纷解决的最好方式和唯一方式。人民法院审判案件依据的是证据，如果缺乏证据，即使有理也会输官司，还要承担诉讼的全部后果，而且有的官司还会造成世代结怨的结局。选择调解途径，客观上更有利于所有社会矛盾纠纷得到及时处理。另外，大量出现的社会矛盾纠纷，如果都进入司法渠道，那有限的审判资源难以承担不断增长的审判任务，极有可能影响社会公平和正义的实现。在这种情况下，尽量少一些对簿公堂，多一些调解疏导，能够更好化解矛盾，促进和谐。

三、调解的主要理念、原则和方法

调解的理念是指矛盾纠纷调解过程中的基本思想和观念，它贯穿于调解的全过程。

1. 和谐理念。追求社会和谐是中国古代先哲的目标和梦想。在儒家学说中，争讼被看作是社会和谐的对立面。孔子说："听讼，吾犹人也。必也，使无讼乎！"中国传统的和谐观强调一种理想的稳定秩序，追求人与自然之间、人与人之间的和谐相处。在纠纷解决方式上，注重调和而不是对抗。与传统的和谐观相对应的是现代和谐观，它立足于民主与法律，倡导包容与交流，追求自由、秩序和正义。

追求社会和谐是中国人民几千年来的理想。"枫桥经验"之所以得到民众的拥护和支持，就在于在解决民间纠纷的过程中始终把和谐作为最终追求。

和谐理念首先体现在对纠纷当事人的态度上。在纠纷调解过程中始终把当事人放在主体地位，尊重当事人并在自愿平等基础上进行调解，尊重维护当事人的合法权利，通过细致的思想工作教育人，通过说理、沟通、交流、对话，修复破损的人际关系，达到人际关系的和谐。通过诉讼途径解决纠纷，往往会伤害人际关系和民风。而"枫桥经验"提倡淡化矛盾纠纷，维护人际关系，弘扬和谐民风。这样一种机制，它解决纠纷的目的不仅仅在于争端本身，更在于修复破损的人际关系。恢复和谐的人际关系，这对于基层社会的和谐稳定具有重大意义。

和谐理念还体现在具体工作机制上。当社会发生矛盾纠纷后，最重要的是有一套利益诉求机制和化解矛盾纠纷的机制，只有这样，矛盾纠纷才不会激化，社会才能和谐。枫桥建立了综治中心作为人民群众利益诉求的机构，同时通过建立严密的调解机构及时化解矛盾纠纷。如建立了三级联动调解机制，建立了专业性的、行业性的调解组织，同时包干到户化解矛盾纠纷，使得矛盾纠纷一旦出现，调解组织就可以第一时间介入纠纷，及时化解。和谐不仅仅体现在纠纷解决上，还体现在矛盾纠纷的预防机制上。枫桥创造了"四前工作法"，建立了一个反应灵敏、能及时发现矛盾纠纷的预警体系，为预防和化解矛盾、超前做好工作提供了依据。坚持抓早抓小、抓苗头，使大量的矛盾纠纷及时化解。突出做好与群众生活生产密切相关的重点事项的预防工作，通过预防，把矛盾纠纷消除在萌芽状态，从而实现社会的和谐，人民平安幸福。

2. 法治理念。法治调处的理念。本书介绍的调解案例故事有一个共同特点，就是调处纠纷的过程和结果均遵守法律，突出法律在基层矛盾多元化解机制中的主导性作用，一切矛盾化解方法与手段以不违法为前提。这样才能既保证化解矛盾，又具有合法性，与国家要求、时代潮流相一致。法律是社会治理手段中一个最能表达广大民意的规则，具有明确性、操作性强的优点。在化解纠纷的过程中，应尽量引导群众用法律来解决。有的方法可能对解决矛盾纠纷很有效，但如果是明显违法的，也不能用，而要采取既有实效又不违法的方法。用法律解决矛盾纠纷具有稳定性，适用于解决同类问题，而不必考虑主体的差异性与地域性等因素，因而是公平性与效率性兼顾的好机制，适于全面推广。枫桥的调解组织在调处基层纠纷时，注意从现今法律出发向当事人灌输一些平等、自由的法治理念，让当事人从类似的一次次调解中接触法律知识，了解法律动态，接受法律观念。

强调在矛盾纠纷多元化解机制中突出法律的主导性地位，用法治思维和法治方式化解矛盾，但是，并不能排斥和否定非法律机制化解矛盾的作用。如枫桥当地在长期的生产生活中所形成的村规民约、习惯、风俗、道德规范等非法律机制，广泛为民众所遵守，是具有权威性和规范性的社会规范，潜移默化地影响着人们的思想和行为，并得到民众的认同，对化解矛盾纠纷起到了一定的共同作用。在枫桥，就是依靠法律机制和非法律机制的共同作用，化解了大量的矛盾纠纷 。因此，我们不能把法律机制和非法律机制截然对立起来。

3. 沟通协商理念。"枫桥经验"在化解矛盾纠纷中注重运用沟通协商理念。所谓沟通协商，是在调解人员的主持下，纠纷双方主体之间沟通信息，由调解人员摆事实明道理，以促劝其平等协商、相互谅解、相互妥协，促使纠纷双方当事人在互谅互解的基础上签订调解协议，和平友好地解决民事纠纷。人民调解是我国法律制度的重要组成部分。调解人员发挥的作用就是促进双方谈判，积极发现双方的沟通点和共同利益，促进双方调解的可能性。这符合我国人民当家做主的性质。人民当家做主，首先体现在自己的事情自己说了算。枫桥的调解制度最大化体现了人民自己解决自己问题的特点。

在枫桥，调解人员根据当事人的特点和纠纷的性质、难易程度、发展变化的情况，可以采取多种灵活的方式调解民间纠纷。如充分听取当事人的陈述，讲解有关法律、法规和国家有关政策，开展耐心细致的说服疏导工作，促使双方当事人互谅互让，消除隔阂，引导帮助当事人自愿达成解决纠纷的调解协议。根据调解纠纷的需要，在征得当事人的同意后，可以邀请当事人的亲属、邻里、同事等参与调解，也可以邀请具有专门知识、特定经验的人员或者有关社会组织的人员参与调解。充分挖掘当地资源，支持当地公道正派、热心调解、群众认可的社会人士参与调解。调解过程中，调解人均以中立第三者身份调解纠纷，公平地对待纠纷双方当事人，其间无权使用任何强制性手段，即不得强行解决纠纷，只能以"调"的方式，促成双方当事人达成解决纠纷的合意。通过沟通协商达成的调解协议，当事人双方签名或盖章后，在通常情况下具有民事合同或民事契约的性质和效力，当事人应当自觉履行，但无权请求法院强制执行。在这过程中，调解人高洁的人格、较强的能力、较高的社会地位等，均有助于调解协议的达成，但这些并不构成一种外在的强制力。

4. 坚持政府主导和民间主导并重原则。从枫桥民间纠纷调解的发展来看,它的每一次嬗变和完善都离不开政府自上而下的推动作用。从1982年"枫桥经验"正式容纳民事调解的内容起,其组织设置也从治保组织发展到建立各种调解组织。政府无论从财政上还是从政策上,都积极支持枫桥调解机制的完善,并且每到"枫桥经验"纪念日,政府都会组织专家和学者对其进行总结完善。"枫桥经验"虽然有政府的推动和总结概括,但是它本身源于群众自发内生的经验,是群众智慧的结晶。从调解组织的构成来看,也体现政府和民间主导的结合。在组织体系上,枫桥建立了三级调解组织,在镇上设立了综合治理委员会,统领调解工作。综治中心下设综治、司法、信访、调解等12个部门,分头处置群众纠纷。全镇设有5个社区综治工作分中心,在村和企业中设综治工作组,主抓治安、调解工作。与此同时,枫桥成立了许多群众自发的民间调解组织。枫桥走出了一条实行一体多元体制,上下结合、官民结合,依靠群众解决纠纷之路。

5. 对调解人员素质的要求。调解人员作为调解工作的具体实施者,是否具有相应的调解纠纷的资格、能力和较高的调解技巧,无疑与调解的成功与否具有密切的关系。调解人员的素质是调解成功的关键。对调解人员资格条件做出一定的限定是必要的。调解人员应当处事公道、作风正派、热心调解工作。应由具有一定文化水平、政策水平和法律知识的成年公民担任。

在枫桥,矛盾纠纷调解之所以具有很高的成功率,调解人员之所以在群众中拥有很高的威望,得益于有一支素质较高的专业化调解队伍。他们了解国家的法律、法规、政策,熟悉当地的风俗习惯、风土人情、道德规范、历史文化,在调解中讲究技巧和方法,善于总结,积累了丰富的经验,因而调处纠纷得心应手,成了这方面的行家里手。

2017年10月,习近平总书记所做的十九大报告对社会治理问题高度重视,从统筹推进"五位一体"总体布局和协调推进

"四个全面"战略布局的高度，对社会治理问题进行了阐述，提出了关于"提高社会治理社会化、法治化、智能化、专业化"要求，并提出了一系列新思想、新举措，为我们在新的历史条件下加强和创新社会治理指明了方向。2018年是"枫桥经验"诞生55周年。在这一背景下，蔡娟出版这样一部宣传"枫桥经验"的新作，是十分有意义的一件事。本书的出版不仅圆了蔡娟本人的一个梦，而且对广大基层干部、从事基层调解的工作人员以及关心、研究"枫桥经验"的同志不无借鉴和参考价值。

本书即将付梓之际，我向蔡娟表示祝贺，同时期盼她在基层纠纷调解、妇女维权等方面取得更多的成绩和经验，为创新和发展"枫桥经验"贡献自己的智慧和力量！

（注：作者系原浙江广电集团总编室主任、浙江经济台台长、总编辑）

后　记

　　2015 年，我在一所私立学校从事教学工作，有一天突然接到全国优秀民警杨光照同志的电话，说是枫桥镇成立了绍兴市首家调解志愿者联合会，需要一名有文字基础、会电脑写作的年轻人，问我意愿如何？杨光照可是名人，老杨所在的调解中心又是声名远扬，我欣然同意来到枫桥上班。

　　后来我才知道这个调解工作由枫桥司法所负责，而这个所是全国模范司法所。记得当时的王鲁佳所长曾这样勉励大家："调解员要有法律知识基础，要有热心耐心，写的调解协议要规范，符合法律法规和政策，一切调解工作要以法律为准绳。"工作开始后，枫桥镇调解志愿者联合会毛仲木会长、司法所郦鸿燕副所长、调解员杨光照及陈松根、杨少剑等同志都热心地向我传授了一系列的调解知识和经验。

　　记得有次上午，一个劳资纠纷案，调解了将近一个小时，双方当事人从开始的互不理睬，满怀怨恨地讨价还价，怒气冲天地相互对骂，到后来双方自愿签订调解协议并且当场兑现。看着眼前的这一幕幕令人目眩场景，目睹资深调解员不慌不忙、有条不紊的谈话诱导，我肃然起敬，这也让我一下子爱上了这份工作。半年后，我也能当场熟练地做好调解记录，而且受到双方律师的认可。慢慢地，我的心里也有了一种成就感。从此，我真正地爱上了这份工作。

　　2017 年 7 月，枫桥镇娟子工作室在枫桥镇党委、政府，浙江省妇联，诸暨市妇联的关心支持下正式"开张"。由于大家的努力，为民调解服务的影响越来越广，"有事找娟子，拨一拨就灵"的调解口号开始传遍国内。当地电视台还现场录制了我调解的一则纠纷案。从此，娟子工作室也可说是走进了人民的心间。

说到编书的事，也是一段历史了。早在 2016 年，绍兴市委党校枫桥经验研究所卢芳霞教授在枫桥镇挂职锻炼时就建议我把调解案例写成一个个故事。她说："因为你们调解员是解决矛盾纠纷的实战家，记录调解过程很有价值、意义。"后来，我在孝德文化网上结识诸暨市原文化局长、党校副校长杨仲坚同志，他竭力鼓励我把案件整理出来结集出书，并对我已经写出的 30 个案例提出修改意见。后来他又帮我联系了诸暨市委党校的老师帮我润色文稿。在案例基本具备后，我又得到黄同春夫妇的大力支持，他俩也帮我查漏纠错，黄台长还动手写了述评文章。

本书得以顺利出版，我要在此向枫桥镇党委、政府，诸暨市委党校，诸暨市妇联，绍兴市司法局，浙江省政法委，浙江省妇联表示感谢，向杨光照师傅、陈莹老师、王岳峰、应雅英、赵卫明、曹建国律师、王晓铭记者、刘韵、周永松、季华慧、郭珈冰、冯铁尧、陈荣周、吕小祥、陈桂成、金善权、叶雯、张幼华、蔡国尧、蔡国明、陈梅琴、蔡平儿、傅彬彬、蔡港、邵宏英、杨叶峰、柴锦、陈善平、郭志军、谢新军、田国强、钱建军、周宇驰、骆根土、王海军、赵坚、蒋焕良、楼仲本、周薇、毛仲木、张亚清等支持本书出版发行的同志们、朋友们表示谢意！考虑到"枫桥经验"在诸暨各乡镇遍地开花的实际，本书选取了诸暨司法局所编内部资料——调解案例选中的部分篇目作为第九章，特此说明，并表示感谢。

由于本书是我的处女作，加上本人水平有限，疏漏谬误仍然会有，敬请读者批评指正。

蔡　娟

2018 年 4 月 1 日